钻井工程管理提质增效配套方法
——钻井工程经济学研究

黄伟和　著

石油工业出版社

内 容 提 要

运用经济机制设计理论解析了钻井工程管理3个方面主要问题，详细说明了钻井工程信息利用有效、激励措施相容、资源配置合理的钻井工程管理提质增效配套方法，介绍了苏里格气田开发、川渝页岩气开发、中国石油编制10年发展规划、建设单位编制油田开发方案、施工单位制订年度计划等5个钻井工程提质增效典型案例。

本书可供从事石油天然气勘探开发建设项目的钻井工程管理、工程设计、工程造价、项目管理、规划计划、财务资产、企管法规、生产运行、市场开发、审计、监察等工作的人员阅读和使用，也可供石油高校经济管理专业师生、研究机构有关人员参考。

图书在版编目（CIP）数据

钻井工程管理提质增效配套方法：钻井工程经济学研究／黄伟和著．—北京：石油工业出版社，2021.9
ISBN 978-7-5183-4841-1

Ⅰ．①钻… Ⅱ．①黄… Ⅲ．①钻井工程－工程造价－造价管理－中国 Ⅳ．① F426.22

中国版本图书馆 CIP 数据核字（2021）第 181208 号

出版发行：石油工业出版社有限公司
（北京朝阳区安定门外安华里2区1号 100011）
网 址：www.petropub.com
编辑部：（010）64523561
图书营销中心：（010）64523633
经　　销：全国新华书店
印　　刷：北京中石油彩色印刷有限责任公司

2021年9月第1版 2021年9月第1次印刷
787毫米×1092毫米 开本：1/16 印张：8.75
字数：230千字

定价：80.00元
（如出现印装质量问题，我社图书营销中心负责调换）
版权所有，翻印必究

前 言

钻井工程是油气勘探开发中一个关键工程，是发现油气的最终手段，是油气田新增储量和保持产量的主要措施。近年来，中国石油和天然气对外依存度持续增长，2020年分别高达73.5%和42.0%。为了保障国家能源安全，国内油气勘探开发快速发展，"十三五"期间，中国石油钻井数量和投资分别大幅增长40%、121%，平均每年钻井16370口、投资1230亿元，有力支撑年产1.02×10^8t原油和$1120 \times 10^8 m^3$天然气。同时，钻井对象越来越复杂，钻井管理难度越来越大。一是勘探开发新项目不断向深部复杂构造层系、高难度高风险地区、页岩油气和致密油等非常规新领域发展，要求钻井管理有更高的处理复杂问题能力；二是老油气区开发进入低品位、高成本阶段，降本增效压力越来越大，要求钻井管理有更高的平衡技术与成本的综合能力。

"十三五"期间，中国石油钻井工程造价专业人员培训班举办了5期，来自油气田和工程技术服务企业的学员主要从事工程造价、规划计划、财务、经营、审计、政策法规、勘探开发、工程设计工作；持续修编培训教材，深入总结过去20年工作经验和研究成果，2020年出版《钻井工程造价管理丛书》，包括《钻井工程工艺（第二版）》《钻井工程全过程工程量清单计价方法》《钻井工程全过程工程量清单计价标准》《钻井工程全过程造价管理》；开展国家科技重大专项项目37课题6"页岩气开发规模预测及开发模式研究"，分析川渝地区和美国页岩气开发钻井投资变化规律、国内外页岩气开发钻井降本增效案例，深入研究川渝页岩气开发钻井降本增效措施，建立钻井投资测算方法，参与编制中国石油2021—2030年页岩气发展总体规划；开展中国石油海外项目钻井工程造价研究，完成顶层设计、清单计价规则研究、配套计价标准编制、造价管理手册编制和重大项目投资评审等工作。

归纳总结上述研究成果，集成创新提炼编写成《钻井工程管理提质增效配套方法——钻井工程经济学研究》。主要内容包括：（1）创建管理知识体系，解决信息利用不够有效问题，显著提升决策科学水平；（2）建立配套长效机制，解决激励措施不够相容问题，全面激发人员积极性；（3）深化改革治理机制，解决资源配置不够合理问题，实现整体效益最大化；（4）介绍了5个钻井工程提质增效典型案例：苏里格气田开发、川渝页岩气开发、中国石油编制10年发展规划、建设单位编制油田开发方案、施工单位制订年度计划。主要创新点概括为以下3点：

一是创建一套应用经济学理论解决钻井工程管理问题的新方法。应用经济机制设计理论，从保证集团公司整体效益最大化的总目标出发，研究钻井工程管理机制存在的信息利用不够有效、激励措施不够相容、资源配置不够合理3个方面主要问题，并系统提出解决方案，实现集团公司新增油气储量、产能、产量和产值目标。应用产权理论，针对油气勘探开发项目和钻井工程管理，研究建立以贡献率为核心的配套长效激励机制。应用均衡价格理论，在现有各油气区钻井生产力水平基础上，充分优化钻井市场资源配置，确定各油气区钻井市场总需求等于总供给时的一套价格，实现集团公司整体效益最大化。应用交易费用理论，基于钻井工程资产专用性极强的特点，适用于企业制或趋向于企业制的混合制治理机制，显著降低钻井工程交易费用。结合目前中国石油钻井工程管理客观条件，建立基于交易管理委员会、油田公司、钻探公司三边治理结构，形成油气区建设单位与事业部为核心的新型高效管理体制。上述研究方法和思路可复制可推广到其他各种工程管理实践中。

二是创建一套用于油气勘探开发项目的钻井工程造价管理知识体系。钻井工程造价管理是综合运用管理学、经济学和工程技术等方面的知识与技能，对钻井工程造价进行预测、计划、控制、核算、分析和评价的过程。以全过程、全要素、全风险、全团队的全面造价管理思想为指导，从油气勘探开发项目建设单位和施工单位全过程管理需求出发，创建了一套钻井工程造价管理知识体系，包括钻井工程工艺、钻井工程计价方法、钻井工程计价标准、钻井工程全过程造价管理方法4个部分，为合理确定和有效控制钻井工程造价、系统解决提质增效问题、全面开展信息化建设、大幅提升钻井工程管理科学化水平打下坚实基础。

三是创建一套基于现有生产力水平的钻井工程全过程提质增效分析方法。针对油气勘探开发项目决策、设计、准备、施工、竣工、后评价各阶段钻井工程管理需求，在现有生产力水平基础上，制定一套满足全过程管理需要的钻井工程计价标准（参考指标、估算指标、概算指标、概算定额、预算定额、工程建设其他定额），统筹建设单位和施工单位两个主体，围绕技术进步、管理提升、政策调整三条主线，采用典型工程经验、生产水平分析、经济管理理论三种方法，调整工程量、综合单价两类参数，进行多因素、多情景、多方案对比分析，提出钻井工程提质增效配套措施和优化决策方案。

全面推广这套钻井工程提质增效配套方法，预期产生3个方面的效果。(1)通过系统优化钻井资源配置，显著提高生产效率，大幅降低钻井工程投资和成本。(2)三边治理结构和清单计价方法可以有效解决钻井信息不对称问题，从根本上解决交易矛盾，实施新的配套激励措施，可以充分调动各单位和员工积极性，钻井队伍和谐稳定。(3)通过优化资源配置和大幅度降低钻井成本，大量非常规油气等难动用储量就可以得到高质量有效开发，既保证了中国石油油气产量和产值等生产指标的完成，又为保障国家能源安全做出了重大的贡献。

由于油气勘探开发项目非常复杂，钻井工程管理涉及面非常广，加之笔者水平和知识有限，书中的不足之处在所难免，敬请广大读者批评指正，以便今后不断完善。

目 录

1 钻井工程作用与管理需求分析 ··· 1
　1.1 钻井工程主要作用 ··· 1
　1.2 钻井工程管理需求分析 ··· 1
2 经济机制设计理论解析钻井工程管理问题 ······························· 5
　2.1 经济机制设计理论介绍 ··· 5
　2.2 钻井工程管理问题分析 ··· 5
3 钻井工程信息利用有效配套方法 ······································· 11
　3.1 解决信息利用不够有效问题的技术路线 ····························· 11
　3.2 钻井工程工艺知识体系 ··· 11
　3.3 钻井工程计价方法知识体系 ······································· 19
　3.4 钻井工程计价标准知识体系 ······································· 47
　3.5 钻井工程全过程造价管理方法知识体系 ····························· 53
　3.6 钻井工程全过程提质增效分析方法 ································· 57
4 钻井工程激励措施相容配套方法 ······································· 59
　4.1 解决激励措施不够相容问题的技术路线 ····························· 59
　4.2 产权理论分析 ··· 59
　4.3 实施基于产权收益的长期激励措施 ································· 60
　4.4 实施基于综合效益的中期激励措施 ································· 60
　4.5 实施基于工程指标的短期激励措施 ································· 61
5 钻井工程资源配置合理配套方法 ······································· 63
　5.1 解决资源配置不够合理问题的技术路线 ····························· 63
　5.2 均衡价格理论应用 ··· 63
　5.3 交易费用理论应用 ··· 64
　5.4 钻井市场管理体制机制改革 ······································· 67

5.5　钻井工程管理年度运行机制 …………………………………………… 73
6　钻井工程提质增效案例 ……………………………………………………… 80
　　6.1　苏里格气田开发钻井提质增效案例 …………………………………… 80
　　6.2　川渝页岩气开发钻井提质增效案例 …………………………………… 84
　　6.3　中国石油编制 10 年发展规划钻井提质增效案例 ……………………… 87
　　6.4　建设单位编制油田开发方案钻井提质增效案例 ……………………… 115
　　6.5　施工单位制订年度计划钻井提质增效案例 …………………………… 119
参考文献 ………………………………………………………………………… 132

1 钻井工程作用与管理需求分析

1.1 钻井工程主要作用

钻井工程是建设地下油气开采通道的隐蔽性工程，即采用大型钻井设备和一系列高精密测量仪器，按一定的方向向地下钻进一定的深度，采集地层岩性、物性和石油、天然气、水等资料，并且建立油气生产的安全通道。钻井工程是油气勘探开发项目中的一个关键工程，其主要作用表现在以下3个方面。

1.1.1 钻井工程是发现油气田的最终手段

所有通过地质调查、地震、重力、磁力、电法、化学等地球物理化学勘探方法得到的对地下的认识，所有经各种论证而确定的勘探部署方案，都需要钻探井来证实。通过钻开地层，直接从地层取得地下信息资料，发现油气层。因此，决定勘探效益的关键环节落在钻井工程上。钻井工程是油气勘探部署最终决策的落脚点。

1.1.2 钻井工程是油气田新增储量和保持产量的主要措施

每年都需要钻大批的评价井、开发井来保证油气田增储上产。近年来，中国每年新钻井 20000～30000 口，保证中国原油年产量维持在 2×10^8 t 左右，天然气年产量在 $1000\times10^8 m^3$ 以上并持续增长。

1.1.3 钻井工程是油气勘探开发项目中投资最大的工程

钻井工程投资一般占油气勘探开发项目总投资的 50%～70%，钻井工程投资的高低决定了油气勘探开发项目投资的高低。近 5 年来，中国每年新增钻井工程投资在 1500 亿元以上。

1.2 钻井工程管理需求分析

1.2.1 钻井工程管理基本概念

钻井工程管理包括全过程、全要素、全风险、全团队 4 个方面的管理。全过程管理是对于油气勘探开发项目决策、设计、准备、施工、竣工、后评价等各阶段钻井工程的全面管理；全要素管理是对于影响钻井工程的工期、质量、造价 3 个基本要素的全面管理；全风险管理是对于钻井工程不确定性的全面管理；全团队管理是对于参与钻井工程建设的建设单位、施工单位、设计单位、供应商等多个不同利益主体的全面管理。

钻井工程管理的核心和主线是钻井工程造价管理。钻井工程造价是钻井工程项目从决策开始到竣工结束预期支出或实际支出的建设费用。基于建设单位管理，钻井工程造价指油气勘探开发建设项目中钻井工程预期支出或实际支出的钻井工程投资。基于施工单位管理，钻井工程造价指由众多施工队伍和承包商共同建造一口油气井预期支出或实际支出的钻井工程成本。钻井工程造价管理是指综合运用管理学、经济学和工程技术等方面的知识与技能，对钻井工程造价进行预测、计划、控制、核算、分析和评价的过程。

1.2.2 钻井工程造价管理基本流程

钻井工程造价管理基本流程具体表现在油气勘探开发项目建设过程、组织机构业务管理、单井钻井生产组织3个方面的钻井工程造价管理。

（1）基于油气勘探开发项目决策、设计、准备、施工、竣工和后评价各阶段建设基本程序，需要周期性循环、螺旋式上升、持续性改进的钻井工程造价管理流程，如图1-1所示。

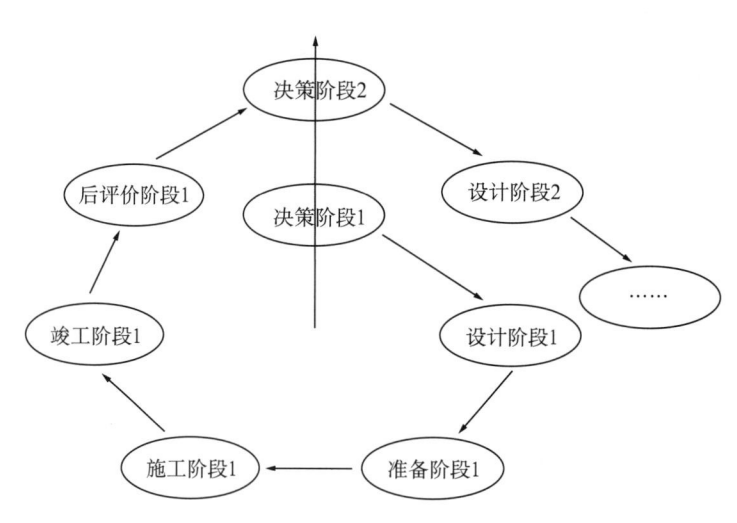

图1-1 油气勘探开发项目建设过程中钻井工程造价管理流程示意图

（2）基于集团公司组织机构的两纵两横钻井工程造价管理流程示例如图1-2和表1-1所示。

（3）基于单井钻井生产组织的钻井工程造价管理流程如图1-3所示。按照钻井设计要求，整个钻井工程总体上要先后实施钻前工程、钻进工程、完井工程才能进行竣工交井，油气井投入生产，通常需要20～30支施工队伍共同完成。

1.2.3 钻井工程造价管理需求分析

钻井工程全过程造价管理需求包括决策、设计、准备、施工、竣工、后评价各阶段的工程造价确定与控制，表1-2给出了钻井工程全过程造价管理基本程序和内容。

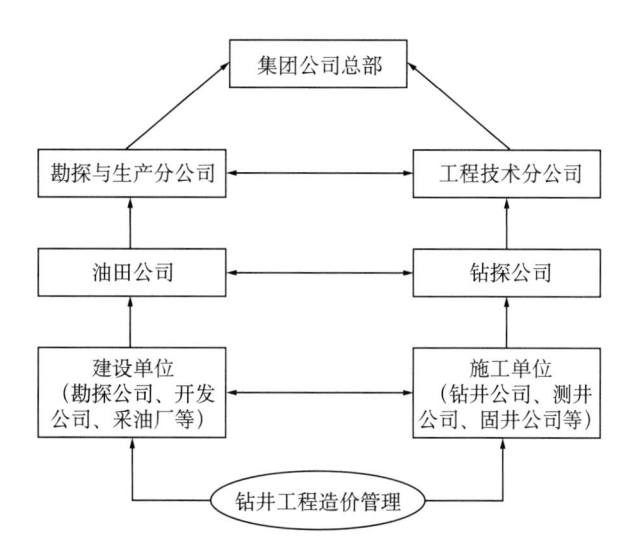

图 1-2　集团公司组织机构中钻井工程造价管理流程示意图

表 1-1　集团公司组织机构中钻井工程造价管理流程表

纵向管理流程	横向管理流程
(1) 建设单位（如采油厂）、油田公司、勘探与生产分公司直到集团公司总部； (2) 施工单位（如钻井公司）、钻探公司、工程技术分公司直到集团公司总部	(1) 建设单位和施工单位、油田公司和钻探公司、勘探与生产分公司和工程技术分公司； (2) 各级机关的计划、财务、造价、审计等综合部门和勘探、开发、工程等业务主管部门

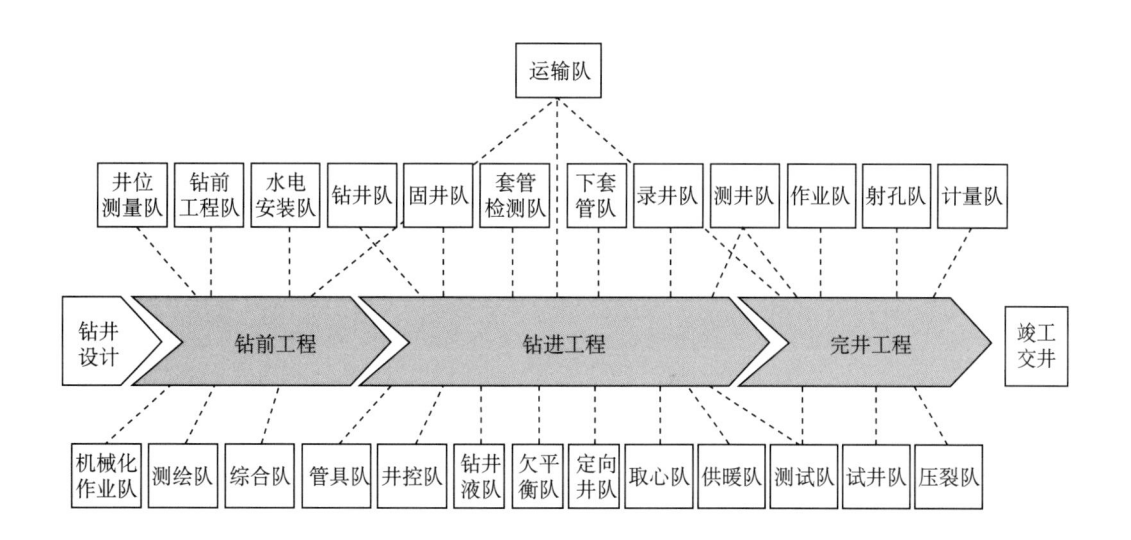

图 1-3　单井钻井生产组织中钻井工程造价管理流程示意图

表 1-2　钻井工程全过程造价管理基本程序和内容

序号	建设阶段	管理程序	计价需求	计价标准
1	决策阶段	公司中长期发展规划	投资匡算	参考指标
2		油气勘探开发项目可行性研究	投资估算	估算指标
3		油气勘探开发项目初步设计	投资概算	概算指标
4		公司年度投资计划	投资概算	概算指标
5	设计阶段	钻井工程设计	投资预算	概算指标 概算定额 预算定额 工程建设其他定额
6		钻井施工设计	成本预算	
7	准备阶段	钻井工程招标	招标标底	
8		钻井工程投标	投标报价	
9		钻井工程中标	合同价格	
10	施工阶段	钻井工程施工	施工结算	
11	竣工阶段	钻井工程竣工	竣工决算	
12	后评价阶段	油气勘探开发项目后评价	投资对比	估算指标、概算指标

2 经济机制设计理论解析钻井工程管理问题

经济学是研究人类社会在各个发展阶段上的各种经济活动和各种相应的经济关系及其发展规律的学科,研究人类经济活动中价值的创造、转化、实现的发展规律,价值规律是经济学的核心规律。本章从保证集团公司整体效益最大化这个总目标出发,采用经济学中的经济机制设计理论研究目前钻井工程管理存在的主要问题。

2.1 经济机制设计理论介绍

2.1.1 理论背景

经济机制设计理论由赫尔维茨（Leonid Hurwicz）开创,马斯金（Eric S. Maskin）、迈尔森（Roger B. Myerson）进一步发展,2007年3人获得诺贝尔经济学奖。近二三十年在微观经济领域快速发展,已经进入主流经济学的核心部分,深深地影响和改变了包括信息经济学、规制经济学、公共经济学、劳动经济学等在内的现代经济学的许多学科,被广泛地运用于垄断定价、最优税收、契约理论、委托代理理论以及拍卖理论等诸多领域。

2.1.2 主要内容

经济机制设计理论是研究在自由选择、自愿交换、信息不完全及决策分散化条件下,设计一套机制来达到既定目标的理论。它把所有的经济机制放在一起进行研究,可以是计划经济机制、市场经济机制或它们的各种混合机制。研究对象大到整个经济社会的制度设计,小到只有两个参与者的经济组织管理。评价某种经济机制优劣的基本标准有3个:信息利用是否有效;激励措施是否相容;资源配置是否合理。

2.1.3 主要特点

与传统经济分析方法的主要区别是分析问题出发点不同。传统经济分析方法是在给定的经济机制条件下,如市场经济机制或计划经济机制,如何实现资源配置合理。而经济机制设计理论恰恰相反,是在给定的实现目标条件下,采用什么样的经济机制。

2.2 钻井工程管理问题分析

首先需要明确集团公司钻井工程管理目标,然后基于管理目标,运用经济机制设计理论方法,从信息利用是否有效、激励措施是否相容、资源配置是否合理3个方面分析集团公司钻井工程管理中存在的主要问题。

钻井工程管理目标是建立一套科学高效的钻井工程管理机制，实现集团公司整体效益最大化。具体来讲，就是尽最大可能做到信息利用有效、激励措施相容、资源配置合理，在钻井工程总体生产效率最大化和综合单位成本最小化的基础上，保证集团公司实现新增油气储量、产能、产量和产值目标。

2.2.1 信息利用不够有效问题分析

钻井工程管理信息内容非常丰富且复杂，总体上可以分3个方面。一是从管理程序看，有决策、设计、准备、施工、竣工、后评价全过程各阶段管理信息；二是从管理主体看，主要有建设单位、施工单位的管理信息；三是从信息内容看，主要有工程参数、工程量、工程造价等管理信息。上述3个方面的信息构成多维钻井工程管理信息网络。

目前上述3个方面信息管理和利用都存在一定问题，形成一个一个的"信息孤岛"，存在比较突出的信息不对称问题。例如，同在一个油气区实施钻井工程，集团公司下属各建设单位投资测算方法均不一样，归纳起来有3大类。第一类是基于现行钻井工程预算定额的投资测算方法，示例见表2–1；第二类是基于钻井工程财务成本科目的投资测算方法，示例见表2–2；第三类是基于钻井工程服务项目合同的投资测算方法，示例见表2–3。可见，工程项目分类、造价构成、计算方法都不一致，钻井工程信息难以有效综合利用。

表 2–1　基于现行钻井工程预算定额的投资测算方法示例

井　号		×××	
井深	m	4936.00	
钻井周期	d	49.67	
完井周期	d	57.21	
建井周期	d	61.21	
	台·月	2.04	
压裂段数	段	23.00	
三开进尺	m	2200.00	
其中：水平段	m	1600.00	
项目	单位	金额	备　注
总费用	万元	5867.69	
一、钻前工程费	万元	387.92	
1. 勘测工程费	万元	10.05	井位测量、地质勘查、设计
2. 环境影响评价费	万元	2.67	
3. 地质灾害评估费	万元	0.46	
4. 水土保持评估费	万元	0.66	
5. 矿产压覆调查费	万元	0.75	

续表

项目	单位	金额	备 注
6. 工程监理费	万元	0.78	
7. 道路工程费	万元	23.20	
8. 井场工程费	万元	77.95	
9. 供水工程费	万元	192.14	
10. 供电工程费	万元		
11. 临时用地费	万元	16.00	
12. 永久用地费、拆迁补偿	万元	43.26	
13. 池类等建筑物拆除恢复费	万元	20.00	
14. 其他费用	万元		
二、钻井工程费	万元	2222.12	
1. 开发方案研究费	万元		
2. 钻井设计费	万元	3.00	
3. 地质设计费	万元	3.00	
4. 钻井工程监督费	万元	7.00	
5. 钻井作业费	万元	969.80	
6. 管具服务费	万元	96.00	
7. 井控服务费	万元	8.56	
8. 钻井液服务费	万元	506.96	
(1) 材料费	万元	413.13	
(2) 固控费	万元	15.20	
(3) 作业费	万元	78.63	
9. 定向服务费	万元	13.80	
10. 欠平衡服务费	万元	40.00	
11. 顶驱服务费	万元	78.00	
12. 旋转导向服务费	万元	345.00	
13. 废弃物拉运及处理	万元	151.00	
三、固井工程费	万元	777.51	
1. 水泥及外加剂	万元	222.10	
2. 井口工具及附件	万元	40.13	
3. 固井作业费	万元	119.07	
4. 套管、套管头、检测	万元	368.01	
5. 下套管服务费	万元	28.20	

续表

项目	单位	金额	备注
四、测井作业费	万元	120.00	
五、录井作业费	万元	60.00	
六、完井工程费	万元	2300.16	
1. 完井设计费	万元	7.67	
2. 完井准备费	万元	1.00	
3. 井口装置	万元	42.00	
4. 完井液	万元	14.15	
5. 连续油管	万元	12.50	
6. 射孔费	万元	85.80	
7. 桥塞	万元	46.00	
8. 测试作业费	万元	70.00	
9. 压裂液检测费	万元	7.00	
10. 吊车配合作业	万元	10.00	
11. 压裂液	万元	207.00	
12. 支撑剂	万元	402.00	
13. 压裂作业费	万元	1334.00	
14. 压裂工程监督费	万元	9.04	
15. 废弃物处理费	万元	52.00	

表 2-2　基于钻井工程财务成本科目的投资测算方法示例

项目		总成本	直接材料	其他直接成本	人工费	折旧费	待摊费用	后辅制造
单位		万元	万元	万元	万元	万元	万元	万元
总计		4891.83	2251.38	1427.28	248.07	270.00	131.89	563.21
钻井工程	钻井作业	1525.22	435.17	724.89	108.04	23.04	91.58	142.50
	钻井液服务	341.70	291.68	27.20	5.15	0.04	0.00	17.63
	测井作业	112.72	6.82	21.42	11.24	6.47	27.00	39.77
	录井作业	55.00	1.12	27.16	14.23	2.30	0.76	9.43
	固井作业	165.40	114.27	17.61	16.74	12.78	0.00	4.00
	钻前工程	68.39	25.10	31.79	0.00	0.00	0.00	11.50
完井工程	井下作业	2329.68	1215.34	532.90	59.57	215.74	0.00	306.13
	射孔作业	213.34	156.91	22.18	3.12	0.58	1.53	29.02
	测试作业	80.38	4.97	22.13	29.98	9.05	11.02	3.23

表 2-3 基于钻井工程服务项目合同的投资测算方法示例

序号	项目名称	金额（万元）	备注
1	钻前工程	216	
2	套管、套管头等	360	
2	钻井工程	900	
3	钻井液服务	315	
4	固井服务	140	
5	旋转导向	350	
6	清洁化生产	210	
7	录井服务	64	
8	测井服务	70	
9	试油一体化	90	
10	压裂工程	2000	
11	电缆坐放桥塞及分簇射孔	280	
12	微地震监测	60	
13	前期费用	35	设计、安全评价、环境影响评价、水土保持评估等
14	总计	5090	

2.2.2 激励措施不够相容问题分析

钻井工程激励主体是针对钻井工程管理、施工、保障等各类人员，其中主要是建设单位和施工单位，此外涉及各级勘探、开发、工程管理等众多部门和研究单位以及地方政府。

目前问题表现在各级管理主体激励措施取向不一致、不规范，不够系统全面，激励效果不佳，特别是缺乏基于产权的长期激励机制。例如，各家建设单位出台了钻井提速、靶体钻遇率、产量达标、创纪录等一些奖励措施，但这些奖励措施仅局限于个别队伍和个人，没有覆盖到油气勘探开发涉及的建设单位、施工单位、研究单位、地方政府等相关主体的人员，并且甲乙方管理体制使得很多奖励无法落实到位。

2.2.3 资源配置不够合理问题分析

钻井工程资源内容非常丰富且复杂，专用性极高，总体上可以分为 3 个方面。一是人力资源，专业性极强且复杂，钻井工程施工通常需要钻井队、测井队、固井队、录井队等数十支施工队伍，还需要监督、技术支持、供应、维修等管理和后勤保障人员，需要拥有特殊知识和信息的劳动者才能胜任；二是物力资源，种类繁多且庞大，如石油钻机、固井设备、测井仪器等大型设备仪器和套管、油管、井下工具等大宗材料，在物理性能上具有专门的适用性，除了规定的一定用途外，其他方面无法使用；三是财力资源，需要在决策、设计、准备、施工、竣工、后评价全过程各阶段分别测算和分析以建设单位为主体发生的钻井工程投资、以施工单位为主体发生的钻井工程成本。目前问题主要表现在钻井队伍管理效率低、生产效率低、管理费用高、固定成本分摊过高等方面。

一是多级细分专业的分散化钻井管理体制导致管理效率低、管理费用高位运行。纵向上，钻井管理分为工程技术分公司、钻探公司、钻井公司、项目部、钻井队5级管理；横向上，每个钻井公司和技术服务公司在国内外多个油田成立若干项目部，如某钻井公司的37支钻井队分别由国内、国外5个项目部管理，某固井公司遍布全国的10个项目部，导致管理战线长、效率低、费用高。

二是钻井市场运行缺乏整体协调导致生产效率低、固定成本分摊过高。钻井市场中建设单位、施工单位各自独立运行，缺乏整体协调，生产效率低，而施工队伍每年需要分摊的人工费、设备费、管理费等固定性费用非常高，导致钻井工程单位成本过高。例如，某一个油气田3年21支钻井队统计分析表明，平均每年钻井周期132d、建井周期204d；钻井周期最低70d、最高223d，建井周期最低130d、最高350d。对大庆等多个油田3年的统计数据表明，钻井队平均每年有效工作时间171~208d。通过分析生产效率最高的一个油田发现，若优化施工队伍，年有效工作时间由208d提升到277d，固定性费用分摊可使钻井日费下降25%，相同工作量条件下钻井总成本可下降7%。可见，钻井工作量安排很不均衡，年有效工作时间偏低，钻井队生产效率低会直接导致录井、固井、测井、压裂等整条生产线各施工队伍工作效率全部下降。因此，钻井队伍资源安排不够合理是造成施工队伍亏损、成本居高不下的主要原因之一。

2.2.4 钻井工程管理问题原因分析

在目前钻井工程管理机制3个方面问题中，信息利用不够有效问题是基础问题，激励措施不够相容问题是关键问题，资源配置不够合理问题是核心问题。其主要原因是钻井工程管理系统思维和顶层设计的科学性还存在一些不足，缺乏一套系统完整的钻井工程管理基础知识体系，缺乏一套以贡献率为核心的配套长效激励机制，缺乏一套高效的一体化综合生产组织管理系统。

3 钻井工程信息利用有效配套方法

3.1 解决信息利用不够有效问题的技术路线

创建管理知识体系，解决信息利用不够有效问题，显著提升决策科学化水平。首先是在全面深入研究钻井工程基本工艺和生产组织的基础上，创建了一套钻井工程项目分级标准；其次是在钻井工程项目分级标准的基础上，创建了一套钻井工程工程量清单计算规则；第三是以全过程、全要素、全风险、全团队的全面造价管理理论为指导，建立一套管理需求、管理机制和管理手段相结合的钻井工程造价管理模型；第四是基于管理需求、管理机制和清单计算规则，建立一套钻井工程全过程工程量清单计价方法和配套的计价标准；最后基于管理需求、管理机制、清单计价方法和计价标准，创建了一套建设单位和施工单位钻井工程全过程造价管理方法。实现决策、设计、准备、施工、竣工、后评价各阶段建设单位和施工单位的工程参数、工程量、工程造价等信息高度规范统一，从管理程序、管理主体、管理内容3个方面有效地解决了钻井工程管理信息不对称问题。详细内容见石油工业出版社2020年出版的《钻井工程造价管理丛书》——《钻井工程工艺（第二版）》《钻井工程全过程工程量清单计价方法》《钻井工程全过程工程量清单计价标准》《钻井工程全过程造价管理》。

3.2 钻井工程工艺知识体系

钻井工程工艺知识体系首次系统地将钻井工程基本概念、基本工艺、主要技术和生产组织需要的队伍人员、设备工具、主要材料有机地结合在一起，共包括4部分内容。第1部分包括钻井工程的基本概念、基本方法、基本工艺、主要分类、主要成果、主要特点、重要作用和地位。第2部分包括钻前工程中勘测工程、道路工程、井场工程、动迁工程、供水工程、供电工程的基本概念、工艺流程、主要内容和主要技术与方法以及钻前工程队伍人员、设备工具和主要材料。第3部分包括钻进工程中钻井作业、钻井服务、固井作业、测井作业、录井作业、其他作业的基本概念、工艺流程、主要内容和主要技术与方法以及钻进工程队伍人员、设备工具和主要材料。第4部分包括完井工程中完井准备、完井作业、射孔作业、测试作业、压裂作业、酸化作业、其他作业的基本概念、工艺流程、主要内容和主要技术与方法以及完井工程队伍人员、设备工具和主要材料。

3.2.1 钻井工程基本工艺流程

钻井工程基本工艺流程和主要工作内容如图1—3所示。钻前工程、钻进工程、完井工程的基本工艺流程和主要工作内容分别如图3—1、图3—2、图3—3所示。

```
┌─────────┐    ┌──────────────────────────────────┐
│勘测工程 │───▶│(1) 井位测量；                    │
└────┬────┘    │(2) 井位测量+勘测设计；           │
     │         │(3) 井位测量+地质勘察+勘测设计    │
     ▼         └──────────────────────────────────┘
┌─────────┐    ┌──────────────────────────────────┐
│道路工程 │───▶│(1) 新建道路；                    │
└────┬────┘    │(2) 维修道路；                    │
     │         │(3) 新建道路+维修道路；           │
     │         │(4) 新建道路+维修道路+修建桥涵    │
     ▼         └──────────────────────────────────┘
┌─────────┐    ┌──────────────────────────────────────────────────────┐
│井场工程 │───▶│(1) 井场修建+池类构筑；                               │
└────┬────┘    │(2) 井场修建+基础构筑+池类构筑；                      │
     │         │(3) 井场修建+基础构筑+池类构筑+生活区修建；           │
     │         │(4) 井场修建+基础构筑+池类构筑+生活区修建+围堰构筑；  │
     │         │(5) 井场修建+基础构筑+池类构筑+生活区修建+围堰构筑+隔离带构筑│
     ▼         └──────────────────────────────────────────────────────┘
┌─────────┐    ┌──────────────────────────────────────────┐
│动迁工程 │───▶│(1) 设备运移+设备安装；                   │
└────┬────┘    │(2) 设备拆卸+设备运移+设备安装；          │
     │         │(3) 设备拆卸+设备运移+设备安装+钻井队动员 │
     ▼         └──────────────────────────────────────────┘
┌─────────┐    ┌──────────────────────────┐
│供水工程 │───▶│(1) 场内供水；            │
└────┬────┘    │(2) 场内供水+场外供水；   │
     │         │(3) 场内供水+打水井       │
     ▼         └──────────────────────────┘
┌─────────┐    ┌──────────────────────────┐
│供电工程 │───▶│(1) 场内供电；            │
└─────────┘    │(2) 场内供电+场外供电     │
               └──────────────────────────┘
```

图 3-1　钻前工程基本工艺流程和主要工作内容

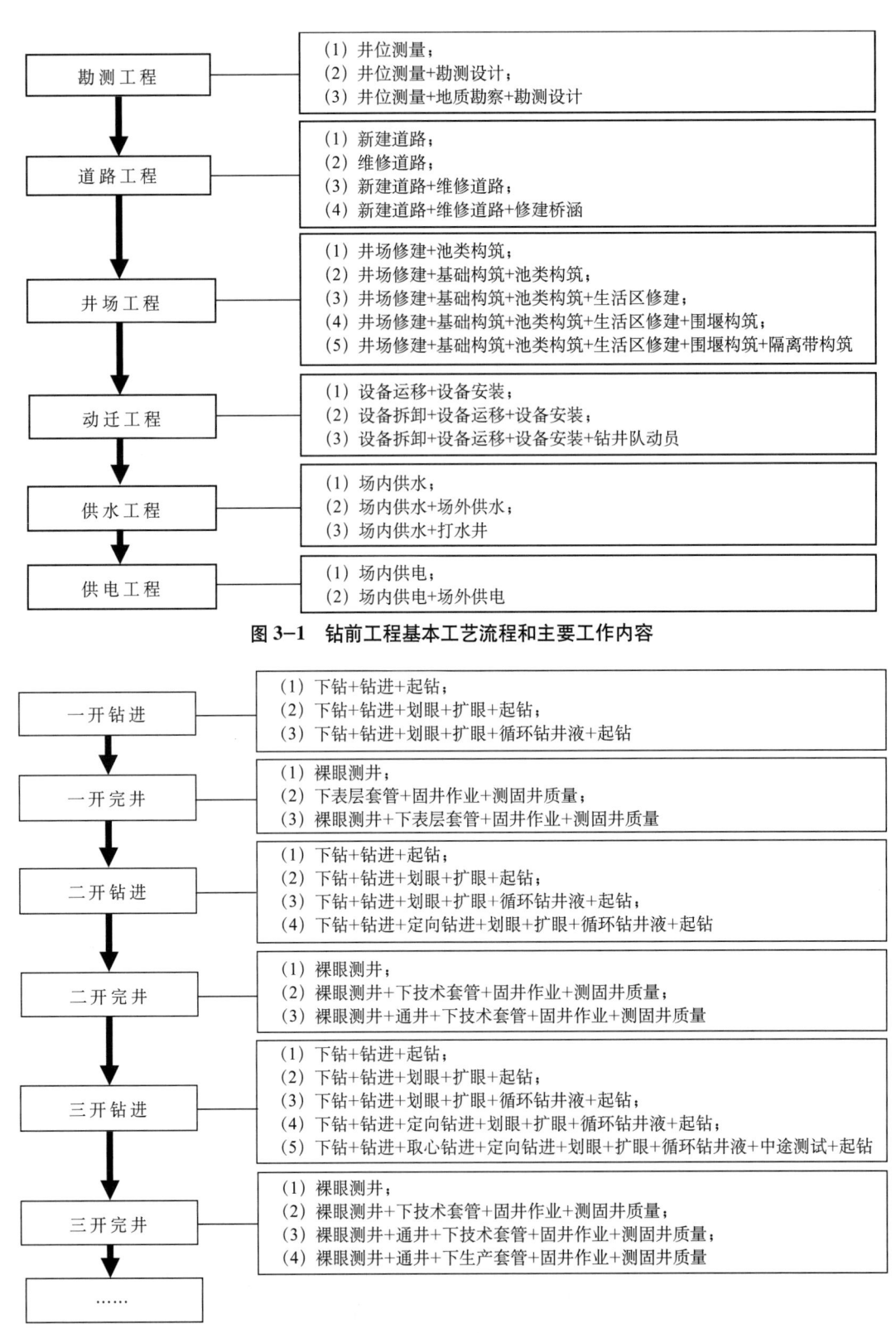

```
┌─────────┐    ┌──────────────────────────────────────────┐
│一开钻进 │───▶│(1) 下钻+钻进+起钻；                      │
└────┬────┘    │(2) 下钻+钻进+划眼+扩眼+起钻；            │
     │         │(3) 下钻+钻进+划眼+扩眼+循环钻井液+起钻   │
     ▼         └──────────────────────────────────────────┘
┌─────────┐    ┌──────────────────────────────────────────────┐
│一开完井 │───▶│(1) 裸眼测井；                                │
└────┬────┘    │(2) 下表层套管+固井作业+测固井质量；          │
     │         │(3) 裸眼测井+下表层套管+固井作业+测固井质量   │
     ▼         └──────────────────────────────────────────────┘
┌─────────┐    ┌──────────────────────────────────────────────┐
│二开钻进 │───▶│(1) 下钻+钻进+起钻；                          │
└────┬────┘    │(2) 下钻+钻进+划眼+扩眼+起钻；                │
     │         │(3) 下钻+钻进+划眼+扩眼+循环钻井液+起钻；     │
     │         │(4) 下钻+钻进+定向钻进+划眼+扩眼+循环钻井液+起钻│
     ▼         └──────────────────────────────────────────────┘
┌─────────┐    ┌──────────────────────────────────────────────┐
│二开完井 │───▶│(1) 裸眼测井；                                │
└────┬────┘    │(2) 裸眼测井+下技术套管+固井作业+测固井质量； │
     │         │(3) 裸眼测井+通井+下技术套管+固井作业+测固井质量│
     ▼         └──────────────────────────────────────────────┘
┌─────────┐    ┌──────────────────────────────────────────────────────────┐
│三开钻进 │───▶│(1) 下钻+钻进+起钻；                                      │
└────┬────┘    │(2) 下钻+钻进+划眼+扩眼+起钻；                            │
     │         │(3) 下钻+钻进+划眼+扩眼+循环钻井液+起钻；                 │
     │         │(4) 下钻+钻进+定向钻进+划眼+扩眼+循环钻井液+起钻；        │
     │         │(5) 下钻+钻进+取心钻进+定向钻进+划眼+扩眼+循环钻井液+中途测试+起钻│
     ▼         └──────────────────────────────────────────────────────────┘
┌─────────┐    ┌──────────────────────────────────────────────┐
│三开完井 │───▶│(1) 裸眼测井；                                │
└────┬────┘    │(2) 裸眼测井+下技术套管+固井作业+测固井质量； │
     │         │(3) 裸眼测井+通井+下技术套管+固井作业+测固井质量；│
     │         │(4) 裸眼测井+通井+下生产套管+固井作业+测固井质量│
     ▼         └──────────────────────────────────────────────┘
┌─────────┐
│ ……      │
└─────────┘
```

图 3-2　钻进工程基本工艺流程和主要工作内容

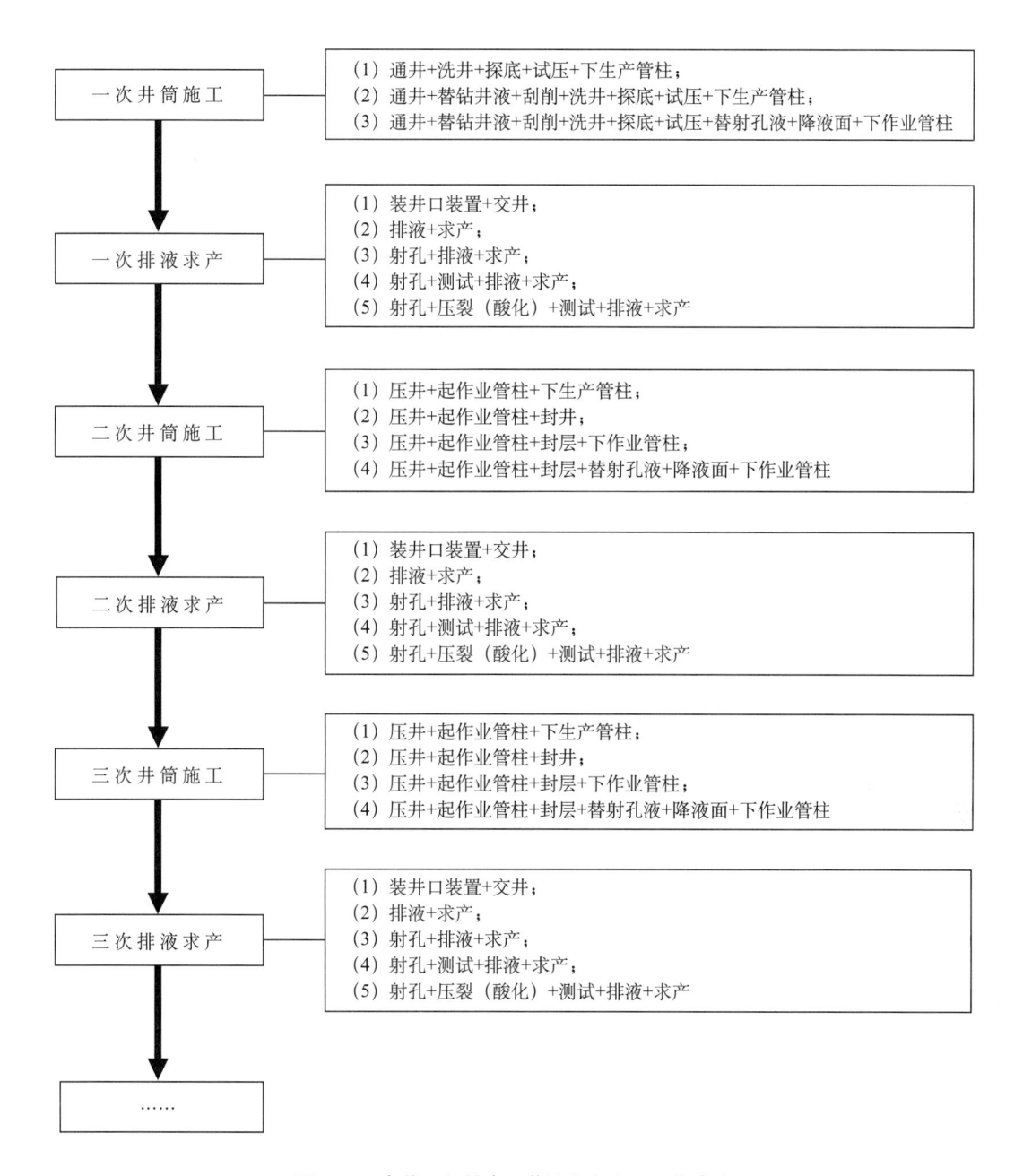

```
┌──────────┐     ┌─────────────────────────────────────────────────────┐
│          │     │ (1) 通井+洗井+探底+试压+下生产管柱；                 │
│ 一次井筒施工 │────▶│ (2) 通井+替钻井液+刮削+洗井+探底+试压+下生产管柱；        │
│          │     │ (3) 通井+替钻井液+刮削+洗井+探底+试压+替射孔液+降液面+下作业管柱 │
└──────────┘     └─────────────────────────────────────────────────────┘
      │
      ▼
┌──────────┐     ┌─────────────────────────────────────┐
│          │     │ (1) 装井口装置+交井；                │
│          │     │ (2) 排液+求产；                      │
│ 一次排液求产 │────▶│ (3) 射孔+排液+求产；                 │
│          │     │ (4) 射孔+测试+排液+求产；            │
│          │     │ (5) 射孔+压裂（酸化）+测试+排液+求产 │
└──────────┘     └─────────────────────────────────────┘
      │
      ▼
┌──────────┐     ┌───────────────────────────────────────────┐
│          │     │ (1) 压井+起作业管柱+下生产管柱；          │
│ 二次井筒施工 │────▶│ (2) 压井+起作业管柱+封井；                │
│          │     │ (3) 压井+起作业管柱+封层+下作业管柱；     │
│          │     │ (4) 压井+起作业管柱+封层+替射孔液+降液面+下作业管柱 │
└──────────┘     └───────────────────────────────────────────┘
      │
      ▼
┌──────────┐     ┌─────────────────────────────────────┐
│          │     │ (1) 装井口装置+交井；                │
│          │     │ (2) 排液+求产；                      │
│ 二次排液求产 │────▶│ (3) 射孔+排液+求产；                 │
│          │     │ (4) 射孔+测试+排液+求产；            │
│          │     │ (5) 射孔+压裂（酸化）+测试+排液+求产 │
└──────────┘     └─────────────────────────────────────┘
      │
      ▼
┌──────────┐     ┌───────────────────────────────────────────┐
│          │     │ (1) 压井+起作业管柱+下生产管柱；          │
│ 三次井筒施工 │────▶│ (2) 压井+起作业管柱+封井；                │
│          │     │ (3) 压井+起作业管柱+封层+下作业管柱；     │
│          │     │ (4) 压井+起作业管柱+封层+替射孔液+降液面+下作业管柱 │
└──────────┘     └───────────────────────────────────────────┘
      │
      ▼
┌──────────┐     ┌─────────────────────────────────────┐
│          │     │ (1) 装井口装置+交井；                │
│          │     │ (2) 排液+求产；                      │
│ 三次排液求产 │────▶│ (3) 射孔+排液+求产；                 │
│          │     │ (4) 射孔+测试+排液+求产；            │
│          │     │ (5) 射孔+压裂（酸化）+测试+排液+求产 │
└──────────┘     └─────────────────────────────────────┘
      │
      ▼
┌──────────┐
│  ……      │
└──────────┘
```

图 3-3 完井工程基本工艺流程和主要工作内容

3.2.2 钻井工程项目分级标准

按照钻井工程基本生产工艺流程特点，考虑到油气勘探开发项目投资管理基本程序和钻井工程工程量清单计价模式，钻井工程项目共分为 7 个级别，分级标准见表 3-1。其中Ⅰ级分为钻井工程和工程建设其他，代表字母分别采用 G、Q，Ⅱ级到Ⅴ级明确了各单位工程和分部分项工程，Ⅵ级和Ⅶ级为预留级别，可以根据实际需要进行补充。

表 3-1 钻井工程项目分级标准

Ⅰ级	Ⅱ级	Ⅲ级	Ⅳ级	Ⅴ级	Ⅵ级	Ⅶ级
G 钻井工程						
	1 钻前工程					
		1.1 勘测工程				
			1.1.1 井位测量			
			1.1.2 地质勘查			
			1.1.3 勘测设计			
		1.2 道路工程				
			1.2.1 新建道路			
			1.2.2 维修道路			
			1.2.3 修建桥涵			
		1.3 井场工程				
			1.3.1 井场修建			
			1.3.2 基础构筑			
			1.3.3 池类构筑			
			1.3.4 生活区修建			
			1.3.5 围堰和隔离带构筑			
		1.4 动迁工程				
			1.4.1 设备拆安			
			1.4.2 设备运移			
			1.4.3 钻井队动员			
		1.5 供水工程				
			1.5.1 场内供水			
			1.5.2 场外供水			
			1.5.3 打水井			
		1.6 供电工程				
			1.6.1 场内供电			
			1.6.2 场外供电			
		1.7 其他作业				
			1.7.1 工程拆迁			
			1.7.2 打桩服务			

续表

Ⅰ级	Ⅱ级	Ⅲ级	Ⅳ级	Ⅴ级	Ⅵ级	Ⅶ级
	2 钻进工程					
		2.1 钻井作业				
			2.1.1 钻井施工			
			2.1.2 钻井材料			
				2.1.2.1 钻头		
				2.1.2.2 钻井液材料		
				2.1.2.3 生产用水		
			2.1.3 钻井材料运输			
		2.2 钻井服务				
			2.2.1 管具服务			
			2.2.2 井控服务			
			2.2.3 钻井液服务			
			2.2.4 定向服务			
			2.2.5 欠平衡服务			
			2.2.6 取心服务			
			2.2.7 顶驱服务			
			2.2.8 旋转导向服务			
			2.2.9 中途测试服务			
			2.2.10 打捞服务			
			2.2.11 生活服务			
			2.2.12 保温服务			
		2.3 固井作业				
			2.3.1 固井施工			
			2.3.2 固井材料			
				2.3.2.1 套管		
				2.3.2.2 套管附件		
				2.3.2.3 固井工具		
				2.3.2.4 水泥		
				2.3.2.5 水泥外加剂		
			2.3.3 固井材料运输			

续表

Ⅰ级	Ⅱ级	Ⅲ级	Ⅳ级	Ⅴ级	Ⅵ级	Ⅶ级
				2.3.4 固井服务		
					2.3.4.1 套管检测	
					2.3.4.2 水泥试验	
					2.3.4.3 水泥混拌	
					2.3.4.4 下套管服务	
					2.3.4.5 试压服务	
			2.4 测井作业			
				2.4.1 测井施工		
				2.4.2 资料处理解释		
			2.5 录井作业			
				2.5.1 录井施工		
				2.5.2 录井服务		
					2.5.2.1 录井信息服务	
					2.5.2.2 化验分析	
					2.5.2.3 资料整理分析	
					2.5.2.4 地质导向服务	
					2.5.2.5 单井跟踪评价	
			2.6 其他作业			
				2.6.1 环保处理		
					2.6.1.1 废弃物拉运	
					2.6.1.2 废弃物处理	
				2.6.2 地貌恢复		
	3 完井工程					
		3.1 完井准备				
			3.1.1 土建工程			
					3.1.1.1 维修道路	
					3.1.1.2 维修井场	
			3.1.2 动迁工程			
					3.1.2.1 设备拆安	
					3.1.2.2 设备运移	

续表

Ⅰ级	Ⅱ级	Ⅲ级	Ⅳ级	Ⅴ级	Ⅵ级	Ⅶ级
				3.1.2.3 作业队动员		
		3.2 完井作业				
			3.2.1 完井施工			
			3.2.2 完井材料			
				3.2.2.1 井口装置		
				3.2.2.2 油管		
				3.2.2.3 完井液		
				3.2.2.4 完井工具		
			3.2.3 完井材料运输			
			3.2.4 完井服务			
				3.2.4.1 特车服务		
				3.2.4.2 连续油管作业		
				3.2.4.3 下桥塞		
				3.2.4.4 投灰		
		3.3 录井作业				
			3.3.1 录井施工			
			3.3.2 录井服务			
				3.3.2.1 录井信息服务		
				3.3.2.2 化验分析		
				3.3.2.3 资料整理分析		
				3.3.2.4 地质导向服务		
				3.3.2.5 单井跟踪评价		
		3.4 测井作业				
			3.4.1 测井施工			
			3.4.2 资料处理解释			
		3.5 射孔作业				
			3.5.1 射孔施工			
			3.5.2 爆炸切割			
			3.5.3 爆燃压裂			
		3.6 测试作业				

续表

Ⅰ级	Ⅱ级	Ⅲ级	Ⅳ级	Ⅴ级	Ⅵ级	Ⅶ级
			3.6.1 地面计量			
			3.6.2 地层测试			
			3.6.3 试井作业			
			3.6.4 钢丝作业			
		3.7 压裂作业				
			3.7.1 压前配液			
			3.7.2 压裂施工			
			3.7.3 压裂材料			
			3.7.4 压裂材料运输			
			3.7.5 压裂服务			
				3.7.5.1 微地震监测		
				3.7.5.2 同位素示踪服务		
		3.8 酸化作业				
			3.8.1 酸前配液			
			3.8.2 酸化施工			
			3.8.3 酸化材料			
			3.8.4 酸化材料运输			
		3.9 其他作业				
			3.9.1 环保处理			
				3.9.1.1 废弃物拉运		
				3.9.1.2 废弃物处理		
			3.9.2 地貌恢复			
Q 工程建设其他						
	1 建设管理					
		1.1 建设单位管理				
		1.2 钻井工程监督				
		1.3 总承包管理				
		1.4 工程奖励与处罚				
			1.4.1 工程奖励			
			1.4.2 工程处罚			

续表

Ⅰ级	Ⅱ级	Ⅲ级	Ⅳ级	Ⅴ级	Ⅵ级	Ⅶ级
	2 工程设计					
		2.1 钻井设计				
			2.1.1 钻井地质设计			
			2.1.2 钻井工程设计			
			2.1.3 钻井工程预算			
			2.1.4 钻井施工设计			
		2.2 完井设计				
			2.2.1 完井地质设计			
			2.2.2 完井工程设计			
			2.2.3 完井工程预算			
			2.2.4 压裂工程设计			
			2.2.5 酸化工程设计			
			2.2.6 完井施工设计			
	3 用地					
		3.1 临时用地				
		3.2 长期用地				
	4 环保管理					
		4.1 环境影响评价				
		4.2 环保监测				
		4.3 地质灾害评估				
		4.4 水土保持评估				
		4.5 矿产压覆调查				
	5 工程保险					

3.3 钻井工程计价方法知识体系

钻井工程计价方法知识体系是一套基于工程量清单计价模式、满足油气勘探开发项目全过程管理需要的钻井工程计价方法体系，主要内容包括3个部分。第1部分是一套钻井工程工程量计算规则和配套的钻井工程造价项目构成。第2部分是一套建设单位钻井工程工程量清单计价方法体系，包括中长期规划、年度计划、可研估算、初设概算、设计预算、

— 19 —

招标标底、合同价格、施工结算、竣工决算、投资后评价的适用范围、计价方法、造价文件模板。第 3 部分是一套施工单位钻井工程工程量清单计价方法体系，包括成本预算、投标报价、合同价格、施工结算的适用范围、计价方法、造价文件模板。

3.3.1 钻井工程计价方法基本概念

钻井工程计价方法是指油气勘探开发项目中钻井工程从决策开始到竣工结束各阶段建设费用的编制方法。主要内容如下：

（1）中长期规划编制方法，指五年、十年等油气勘探开发中长期发展规划中钻井工程投资编制方法。

（2）年度计划编制方法，指油气勘探开发年度业务发展和投资计划中钻井工程投资编制方法。

（3）可研估算编制方法，指油气勘探开发项目预可行性研究和可行性研究报告中钻井工程投资估算编制方法。

（4）初设概算编制方法，指油气勘探开发项目初步设计方案中钻井工程投资概算编制方法。

（5）设计预算编制方法，指区块标准井、单井设计中钻井工程投资预算或成本预算编制方法。

（6）招标标底编制方法，指招标文件中钻井工程标底编制方法。

（7）投标报价编制方法，指投标文件中钻井工程投标报价编制方法。

（8）合同价格编制方法，指钻井工程中标后合同价格编制方法。

（9）施工结算编制方法，指钻井工程完成后施工结算编制方法。

（10）竣工决算编制方法，指油气勘探开发项目钻井工程竣工后决算编制方法。

（11）投资后评价编制方法，指油气勘探项目和油气田开发建设项目后评价中钻井工程投资评价方法。

3.3.2 钻井工程工程量清单计算规则

钻井工程工程量清单是钻井工程的各级别工程项目名称和相应计量方法的明细清单，包括项目编码、项目名称、项目特征、计量单位、工程量计算规则、工作内容。

（1）项目编码是钻井工程量清单项目名称的数字标识，由一个字母和 9 位阿拉伯数字组成。钻井工程、工程建设其他项目的代表字母分别为 G、Q。第一位数字代表 II 级工程，第二、第三位数字代表 III 级工程，第四、第五位数字代表 IV 级工程，第六、第七位数字代表 V 级工程，第八、第九位数字代表 VI 级工程，例如：G101 为钻前工程中勘测工程项目编码。对于工程项目名称和内容不固定的工程，采用补充项目编码。补充项目编码由 B 和 3 位阿拉伯数字组成，例如：B001、B002、B003。

（2）项目名称是钻井工程中各级别工程的名称。

（3）项目特征是构成各级别工程量清单项目的特征属性。

（4）计量单位是钻井工程工程量清单中计量相应工程量所规定的单位。

(5) 工程量计算规则是钻井工程工程量清单中计算工程量的方法和原则。
(6) 工作内容指钻井工程工程量清单中描述各级别工程具体施工和管理的内容。

3.3.2.1 钻前工程工程量清单计算规则

钻前工程由勘测工程、道路工程、井场工程、动迁工程、供水工程、供电工程、其他作业等构成。钻前工程项目及工程量计算规则见表3-2。若有钻前工程项目的子项目未包含在已设立钻前工程项目中，则放在相应的工程项目下面，并补充相关内容。

表3-2 钻前工程项目及工程量计算规则

项目编码	项目名称	项目特征	计量单位	工程量计算规则	工作内容
G101	勘测工程		口	按1口井计算	
G10101	井位测量	(1) 测量方法； (2) 测量要求	次	按设计或完成的测量井次数计算	(1) 现场测量井位； (2) 设立井位标志
G10102	地质勘查	(1) 勘查方法； (2) 地层分类	m 或次	按设计或完成的钻孔进尺数量或施工次数计算	(1) 钻孔施工； (2) 测量标高、进尺； (3) 编写报告
G10103	勘测设计	(1) 道路长度； (2) 井场面积； (3) 勘测要求	次	按设计或完成的井次数计算	(1) 沿途勘察路况； (2) 测量道路长度； (3) 勘察井场环境； (4) 编写勘测报告； (5) 施工设计
G102	道路工程		口	按1口井计算	
G10201	新建道路	(1) 地表条件； (2) 修建要求	km	按设计或完成的新建道路长度计算	(1) 挖填土石方； (2) 铺垫； (3) 碾压； (4) 平整； (5) 构筑护坡
G10202	维修道路	(1) 道路条件； (2) 维修要求	km	按设计或完成的维修道路长度计算	(1) 铺垫； (2) 碾压； (3) 平整
G10203	修建桥涵	(1) 桥涵长度； (2) 修建要求	座	按设计或完成的修建桥涵数量计算	(1) 简易桥涵架设； (2) 桥涵加固
G103	井场工程		口	按1口井计算	
G10301	井场修建	(1) 地表条件； (2) 面积； (3) 修建要求	次或m²	按设计或完成的井次数或井场面积计算	(1) 铺垫； (2) 平整； (3) 压实； (4) 转移余土
G10302	基础构筑	(1) 基础类型； (2) 构筑要求	次或m³	按设计或完成的井次数或基础体积计算	现浇基础或桩基础构筑： (1) 开挖基础坑； (2) 浇筑基础； (3) 养护基础； (4) 桩制作； (5) 打桩

续表

项目编码	项目名称	项目特征	计量单位	工程量计算规则	工作内容
G10303	池类构筑	(1) 体积； (2) 类型； (3) 构筑要求	个或 m³	按设计或完成的池类个数或体积计算	圆井（方井）、沉砂池、废液池、放喷池、垃圾坑等构筑： (1) 开挖土方； (2) 砌筑； (3) 防渗
G10304	生活区修建	(1) 地表条件； (2) 面积； (3) 修建要求	次或 m²	按设计或完成的井次数或面积计算	(1) 铺垫； (2) 平整； (3) 压实； (4) 转移余土
G10305	围堰和隔离带构筑	(1) 地表条件； (2) 施工要求	次或 m²	按设计或完成的井次数或面积计算	(1) 铺垫； (2) 砌筑
G104	动迁工程		口	按1口井计算	
G10401	设备拆安	(1) 钻机型号； (2) 拆安方式	次	按设计或完成的井次数计算	(1) 拆卸； (2) 安装
G10402	设备运移	(1) 钻机型号； (2) 运输要求； (3) 运输距离	次或 km	按设计或完成的井次数或运输距离计算	(1) 装车； (2) 运输； (3) 卸车； (4) 整体运移
G10403	钻井队动员	钻井队人数	次或 d	按设计或完成的井次数或动员时间计算	(1) 人员动员； (2) 施工准备
G105	供水工程		口	按1口井计算	
G10501	场内供水	供水要求	次	按设计或完成的井次数计算	(1) 设置水罐； (2) 铺设管线； (3) 水管线安装
G10502	场外供水	(1) 距水源距离； (2) 供水要求	次或 m	按设计或完成的井次数或水源距离计算	(1) 设立泵站； (2) 铺设管线； (3) 设置水罐； (4) 水管线安装； (5) 运输
G10503	打水井	(1) 水井深度； (2) 供水要求	口或 m	按设计或完成的水井数量或水井深度计算	(1) 打水井； (2) 设立泵站； (3) 铺设管线； (4) 设置水罐； (5) 水管线安装； (6) 运输
G106	供电工程		口	按1口井计算	
G10601	场内供电	(1) 供电方式； (2) 供电要求	次	按设计或完成的井次数计算	(1) 架设电线； (2) 设备安装
G10602	场外供电	(1) 外接电源距离； (2) 供电方式； (3) 供电要求	次或 m	按设计或完成的井次数或电源距离计算	(1) 架设电线； (2) 设备安装

续表

项目编码	项目名称	项目特征	计量单位	工程量计算规则	工作内容
G107	其他作业		口	按1口井计算	
G10701	工程拆迁	(1) 补偿方式； (2) 补偿标准	次	按设计或完成的井次数计算	(1) 拆迁； (2) 补偿
G10702	打桩服务	(1) 井眼尺寸； (2) 深度	m	按设计或完成的深度计算	(1) 搬迁； (2) 运输； (3) 打桩施工

3.3.2.2 钻进工程工程量清单计算规则

钻进工程由钻井作业、钻井服务、固井作业、测井作业、录井作业、其他作业等构成。钻进工程项目及工程量计算规则见表3-3。若有钻进工程项目的子项目未包含在已设立钻进工程项目中，则放在相应的工程项目下面，并补充相关内容。

表3-3 钻进工程项目及工程量计算规则

项目编码	项目名称	项目特征	计量单位	工程量计算规则	工作内容
G201	钻井作业		口或d或m	按1口井或钻井周期或井深计算	
G20101	钻井施工	(1) 钻机类型； (2) 完钻井深	d	按设计或完成的钻井周期计算	钻井队实施现场施工： (1) 起下钻； (2) 钻进； (3) 划眼、扩眼； (4) 循环钻井液； (5) 测斜； (6) 配合测井； (7) 下套管； (8) 配合固井作业
G20102	钻井材料		口或m	按1口井或井深计算	
G2010201	钻头	(1) 钻头尺寸； (2) 钻头类型； (3) 进尺	只或m	按设计或完成的钻头数量或钻井进尺计算	各种尺寸和类型钻头的现场检测和使用
G2010202	钻井液材料	(1) 材料代号； (2) 材料规格	m^3或t或kg或m	按设计或完成的材料数量或钻井进尺计算	配制钻井液的主要原材料和处理剂的现场检测和使用
G2010203	生产用水	(1) 用水范围； (2) 用水性能	m^3或m	按设计或完成的用水数量或钻井进尺计算	配制钻井液用水、固井用水、施工机械用水、锅炉用水、消防用水等
G20103	钻井材料运输	(1) 品种、数量； (2) 重量或体积； (3) 运输要求	t·km或次	按设计或完成的运输数量或井次数计算	(1) 装车； (2) 运输； (3) 卸车
G202	钻井服务		口	按1口井计算	

续表

项目编码	项目名称	项目特征	计量单位	工程量计算规则	工作内容
G20201	管具服务	(1) 管具类型； (2) 管具数量； (3) 服务要求	m 或 d 或次	按设计或完成的井深或服务时间或井次数计算	(1) 管具装卸； (2) 管具运输； (3) 管具检测； (4) 管具维修
G20202	井控服务	(1) 设备规格； (2) 设备数量； (3) 服务要求	d 或次	按设计或完成的服务时间或井次数计算	(1) 设备拆安； (2) 设备运输； (3) 设备检测； (4) 设备维护
G20203	钻井液服务	(1) 仪器规格； (2) 人员数量； (3) 服务要求	d 或次或 m	按设计或完成的服务时间或井次数或钻井进尺计算	(1) 设备人员动迁； (2) 钻井液设计； (3) 钻井液配制； (4) 现场监测维护
G20204	定向服务	(1) 仪器型号、数量； (2) 工具类型、数量； (3) 施工要求	d 或次	按设计或完成的服务时间或井次数计算	(1) 设备人员动迁； (2) 接定向工具； (3) 定向施工； (4) 卸定向工具
G20205	欠平衡服务	(1) 设备型号、数量； (2) 工具类型、数量； (3) 施工方式	d 或次	按设计或完成的服务时间或井次数计算	(1) 设备人员动迁； (2) 接欠平衡工具； (3) 欠平衡施工； (4) 卸欠平衡工具
G20206	取心服务	(1) 取心方法； (2) 工具类型； (3) 施工要求	d 或次或 m	按设计或完成的服务时间或井次数或取心井段长度计算	(1) 设备人员动迁； (2) 接取心工具； (3) 取心施工； (4) 卸取心工具
G20207	顶驱服务	(1) 设备规格； (2) 设备数量； (3) 服务要求	d 或次	按设计或完成的服务时间或井次数计算	(1) 设备拆安； (2) 设备运输； (3) 设备检测； (4) 设备维护
G20208	旋转导向服务	(1) 工具规格； (2) 工具数量； (3) 服务要求	d 或次	按设计或完成的服务时间或井次数计算	(1) 设备人员动迁； (2) 接导向工具； (3) 导向施工； (4) 卸导向工具
G20209	中途测试服务	(1) 工具规格； (2) 工具数量； (3) 服务要求	d 或次	按设计或完成的服务时间或井次数计算	(1) 设备人员动迁； (2) 接测试工具； (3) 测试施工； (4) 卸测试工具
G20210	打捞服务	(1) 工具规格； (2) 工具数量； (3) 服务要求	d 或次	按设计或完成的服务时间或井次数计算	(1) 设备人员动迁； (2) 接打捞工具； (3) 打捞施工； (4) 卸打捞工具
G20211	生活服务	(1) 野营房规格、数量； (2) 服务人数； (3) 服务要求	d 或次	按设计或完成的服务时间或井次数计算	(1) 设备人员动迁； (2) 餐饮服务； (3) 营地管理

续表

项目编码	项目名称	项目特征	计量单位	工程量计算规则	工作内容
G20212	保温服务	(1) 设备规格、数量； (2) 保温方式； (3) 保温要求	d 或次	按设计或完成的服务时间或井次数计算	(1) 设备人员动迁； (2) 设备线路拆安； (3) 现场保温施工
G203	固井作业		口	按 1 口井计算	
G20301	固井施工	(1) 车辆类型、数量； (2) 井深； (3) 套管尺寸、下深； (4) 固井方法； (5) 水泥量	次或台时	按设计或完成的固井次数或施工时间计算	(1) 设备人员动迁； (2) 施工准备； (3) 注水泥施工
G20302	固井材料		口或 m	按 1 口井或井深计算	
G2030201	套管	(1) 外径； (2) 壁厚； (3) 单重； (4) 扣型； (5) 钢级	m 或 t	按设计或完成的下套管长度或重量计算	导管、表层套管、技术套管、生产套管的现场检测和使用
G2030202	套管附件	(1) 品种； (2) 规格	套或只	按设计或完成的下入附件数量计算	引鞋、套管鞋、旋流短节、承托环、回压阀、浮鞋、浮箍、扶正器、刮泥器、水泥伞、套管头等附件的现场检测和使用
G2030203	固井工具	(1) 品种； (2) 规格	套或只	按设计或完成的下入工具数量计算	内管注水泥器、分级注水泥接箍、尾管悬挂器、管外注水泥封隔器、地锚、热应力补偿工具、套管刮削器等的现场检测和使用
G2030204	水泥	(1) 品种； (2) 级别	m 或 t	按设计或完成的注水泥段长度或用量计算	导管、表层套管、技术套管、生产套管固井用水泥的现场检测和使用
G2030205	水泥外加剂	(1) 品种； (2) 规格	m 或 t 或 m³	按设计或完成的注水泥段长度或用量计算	促凝剂、缓凝剂、减轻剂、加重剂、分散剂、降失水剂、堵漏剂等的现场检测和使用
G20303	固井材料运输	(1) 品种、数量； (2) 重量或体积； (3) 运输要求	t·km 或次	按设计或完成的运输数量或井次数计算	(1) 装车； (2) 运输； (3) 卸车
G20304	固井服务		口	按 1 口井计算	
G2030401	套管检测	(1) 套管尺寸； (2) 检测方法； (3) 检测项目	m 或根	按设计或完成的检测长度或根数计算	在基地检测套管性能
G2030402	水泥试验	(1) 试验项目； (2) 性能指标	次	按设计或完成的试验次数计算	在实验室进行水泥性能分析化验和检测

续表

项目编码	项目名称	项目特征	计量单位	工程量计算规则	工作内容
G2030403	水泥混拌	(1) 水泥规格； (2) 外掺料规格； (3) 混拌要求	t	按设计或完成的混拌量计算	采用专用装置干混水泥和外加剂、外掺料
G2030404	下套管服务	(1) 套管规格； (2) 服务要求	m 或根	按设计或完成的下套管长度或根数计算	(1) 设备人员动迁； (2) 采用专用设备下套管
G2030405	试压服务	(1) 车辆类型； (2) 车辆数量； (3) 试压压力	次或台时	按设计或完成的施工次数或时间计算	(1) 设备人员动迁； (2) 施工准备； (3) 现场试压
G204	测井作业		口或 m	按 1 口井或井深计算	
G20401	测井施工	(1) 测井设备； (2) 测井项目； (3) 采集要求	深度米或计价米或颗	深度米按设计或完成的工具最大入井深度计算，计价米（测量米）按设计或完成的工具入井深度及测量井段长度计算，井壁取心按设计或完成的颗数计算	(1) 设备人员动迁； (2) 起下工具； (3) 资料采集
G20402	资料处理解释	(1) 测井项目； (2) 处理解释要求	处理米或口	按设计或完成的单井处理解释长度或 1 口井计算	(1) 资料处理； (2) 成果解释
G205	录井作业		口或 d	按 1 口井或钻井周期计算	
G20501	录井施工	(1) 设备规格、数量； (2) 录井方法； (3) 录井要求	d	按设计或完成的录井施工时间计算	(1) 设备人员动迁； (2) 录井准备； (3) 现场施工
G20502	录井服务		口或 d	按 1 口井或钻井周期计算	
G2050201	录井信息服务	(1) 传输方式； (2) 服务要求	d	按设计或完成的服务时间计算	(1) 信息传输； (2) 信息分析； (3) 信息处理
G2050202	化验分析	项目要求	次或个	按设计或完成的化验分析数量计算	(1) 取样； (2) 分析
G2050203	资料整理分析	(1) 项目； (2) 整理要求	口	按 1 口井计算	(1) 资料整理； (2) 资料初步解释
G2050204	地质导向服务	(1) 使用设备； (2) 服务要求	d	按设计或完成的服务时间计算	(1) 设备调试； (2) 现场服务
G2050205	单井跟踪评价	(1) 评价项目； (2) 评价要求	d	按设计或完成的服务时间计算	(1) 钻井跟踪； (2) 数据分析； (3) 编写报告

续表

项目编码	项目名称	项目特征	计量单位	工程量计算规则	工作内容
G206	其他作业		口	按1口井计算	
G20601	环保处理		口	按1口井计算	
G2060101	废弃物拉运	(1) 拉运方式； (2) 拉运数量	t·km 或次	按设计或完成的运输数量或井次数计算	(1) 装车； (2) 拉运； (3) 卸车
G2060102	废弃物处理	(1) 处理方式； (2) 处理数量	m^3 或 t 或次	按设计或完成的处理数量或井次数计算	(1) 处理； (2) 检验
G20602	地貌恢复	(1) 场地面积； (2) 回填要求	次或 m^2	按设计或完成的井次数或场地面积计算	(1) 清除垃圾； (2) 回填池坑； (3) 平整场地

3.3.2.3 完井工程工程量清单计算规则

完井工程由完井准备、完井作业、录井作业、测井作业、射孔作业、测试作业、压裂作业、酸化作业、其他作业等构成。完井工程项目及工程量计算规则见表3-4。若有完井工程的子项目未包含在已设立完井工程项目中，则放在相应的工程项目下面，并补充相关内容。

表3-4　完井工程项目及工程量计算规则

项目编码	项目名称	项目特征	计量单位	工程量计算规则	工作内容
G301	完井准备		口	按1口井计算	
G30101	土建工程		口	按1口井计算	
G3010101	维修道路	(1) 道路条件； (2) 维修要求	km	按设计或完成的维修道路长度计算	(1) 铺垫； (2) 碾压； (3) 平整
G3010102	维修井场	(1) 井场面积； (2) 维修要求	次或 m^2	按设计或完成的井次数或井场面积计算	(1) 铺垫； (2) 平整
G30102	动迁工程		口	按1口井计算	
G3010201	设备拆安	(1) 修井机型号； (2) 拆安方法	次	按设计或完成的井次数计算	(1) 拆卸； (2) 安装
G3010202	设备运移	(1) 修井机型号； (2) 运输要求； (3) 运输距离	次或 km	按设计或完成的井次数或运输距离计算	(1) 装车； (2) 运输； (3) 卸车； (4) 整体运移
G3010203	作业队动员	作业队人数	次或 d	按设计或完成的井次数或动员时间计算	(1) 人员动员； (2) 施工准备
G302	完井作业		口或 d	按1口井或完井周期计算	

续表

项目编码	项目名称	项目特征	计量单位	工程量计算规则	工作内容
G30201	完井施工	(1) 完井设备类型； (2) 施工要求	d	按设计或完成的完井周期计算	作业队或钻井队或试油队实施现场施工： (1) 通井； (2) 替钻井液； (3) 刮削； (4) 洗井； (5) 探底； (6) 试压； (7) 替射孔液； (8) 降液面； (9) 下管柱； (10) 压井； (11) 起管柱； (12) 封层； (13) 配合射孔； (14) 配合压裂（酸化）； (15) 配合测试； (16) 排液； (17) 求产； (18) 装井口装置； (19) 交井
G30202	完井材料		口或 m	按 1 口井或井深计算	
G3020201	井口装置	(1) 品种； (2) 规格	套	按设计或完成的摊销量计算	套管头、油管头、采油树和采气树的现场检测和使用
G3020202	油管	(1) 外径； (2) 壁厚； (3) 单重； (4) 扣型； (5) 钢级	m 或 t	按设计或完成的下入油管摊销长度或重量计算	通井油管和留井油管的现场检测和使用
G3020203	完井液	(1) 体系； (2) 密度； (3) 性能要求	m^3	按设计或完成的用量计算	洗井液、压井液、射孔液、环空保护液的现场检测和使用
G3020204	完井工具	(1) 品种； (2) 规格	套或只	按设计或完成的工具数量或摊销量计算	刮削器、封隔器、桥塞等工具的现场检测和使用
G30203	完井材料运输	(1) 品种、数量； (2) 重量或体积； (3) 运输要求	t·km 或次	按设计或完成的运输数量或井次数计算	(1) 装车； (2) 运输； (3) 卸车
G30204	完井服务		口	按 1 口井计算	

续表

项目编码	项目名称	项目特征	计量单位	工程量计算规则	工作内容
G3020401	特车服务	(1) 车辆类型； (2) 车辆数量； (3) 施工要求	台时或次	按设计或完成的施工时间或井次数计算	水泥车、液氮泵车、液氮罐车、酸罐车、水罐车等实施单项服务： (1) 设备人员动迁； (2) 施工准备； (3) 现场施工
G3020402	连续油管作业	(1) 设备规格； (2) 施工要求	台时或次	按设计或完成的施工时间或井次数计算	(1) 设备人员动迁； (2) 施工准备； (3) 现场施工
G3020403	下桥塞	(1) 桥塞规格； (2) 下入深度	深度米或次	深度米按设计或完成的桥塞最大入井深度计算，井次按设计或完成的下入桥塞次数计算	(1) 设备人员动迁； (2) 起下桥塞
G3020404	投灰	(1) 投灰方法； (2) 投灰数量； (3) 施工要求	t 或次	按设计或完成的投灰量或井次数计算	(1) 设备人员动迁； (2) 施工准备； (3) 现场施工
G303	录井作业		口或 d	按 1 口井或完井周期计算	
G30301	录井施工	(1) 设备规格、数量； (2) 录井方法； (3) 录井要求	d	按设计或完成的录井施工时间计算	(1) 设备人员动迁； (2) 录井准备； (3) 现场施工
G30302	录井服务		口或 d	按 1 口井或完井周期计算	
G3030201	录井信息服务	(1) 传输方式； (2) 服务要求	d	按设计或完成的服务时间计算	(1) 信息传输； (2) 信息分析； (3) 信息处理
G3030202	化验分析	项目要求	次或个	按设计或完成的化验分析数量计算	(1) 取样； (2) 分析
G3030203	资料整理分析	(1) 项目； (2) 整理要求	口	按 1 口井计算	(1) 资料整理； (2) 资料初步解释
G3030204	地质导向服务	(1) 使用设备； (2) 服务要求	d	按设计或完成的服务时间计算	(1) 设备调试； (2) 现场服务
G3030205	单井跟踪评价	(1) 评价项目； (2) 评价要求	d	按设计或完成的服务时间计算	(1) 钻井跟踪； (2) 数据分析； (3) 编写报告
G304	测井作业		口或 m	按 1 口井或井深计算	

续表

项目编码	项目名称	项目特征	计量单位	工程量计算规则	工作内容
G30401	测井施工	(1) 测井设备； (2) 测井项目； (3) 采集要求	深度米或计价米或颗	深度米按设计或完成的工具最大入井深度计算，计价米（测量米）按设计或完成的工具入井深度及测量井段长度计算，井壁取心按设计或完成的颗数计算	(1) 设备人员动迁； (2) 起下工具； (3) 资料采集
G30402	资料处理解释	(1) 测井项目； (2) 处理解释要求	处理米或口	按设计或完成的单井处理解释长度或1口井计算	(1) 资料处理； (2) 成果解释
G305	射孔作业		口	按1口井计算	
G30501	射孔施工	(1) 射孔方法； (2) 射孔深度； (3) 射孔枪类型、长度； (4) 射孔弹类型、数量	深度米或射孔米	深度米按设计或完成的最大入井深度计算，射孔米按设计或完成的射孔井段长度计算	(1) 设备人员动迁； (2) 起下工具； (3) 射孔施工
G30502	爆炸切割	(1) 下入方法； (2) 下入深度； (3) 切割数量	深度米或次	深度米按设计或完成的施工最大深度计算，井次按设计或完成的施工次数计算	(1) 设备人员动迁； (2) 现场施工
G30503	爆燃压裂	(1) 下入方法； (2) 下入深度； (3) 切割数量	深度米或组	深度米按设计或完成的施工最大深度计算，组按设计或完成的施工组数计算	(1) 设备人员动迁； (2) 现场施工
G306	测试作业		口	按1口井计算	
G30601	地面计量	(1) 设备规格； (2) 设备数量； (3) 计量要求	d 或次	按设计或完成的服务时间或井次数计算	(1) 设备人员动迁； (2) 建立流程； (3) 计量、求取数据
G30602	地层测试	(1) 工具类型； (2) 测试深度； (3) 测试要求	d 或次	按设计或完成的服务时间或井次数计算	(1) 设备人员动迁； (2) 接测试工具； (3) 现场测试； (4) 卸测试工具
G30603	试井作业	(1) 工具类型； (2) 入井深度； (3) 试井要求	d 或次	按设计或完成的服务时间或井次数计算	(1) 设备人员动迁； (2) 拆接工具； (3) 下井施工； (4) 拆接井口
G30604	钢丝作业	(1) 工具类型； (2) 入井深度	d 或次	按设计或完成的服务时间或井次数计算	(1) 设备人员动迁； (2) 拆接工具； (3) 下井施工； (4) 拆接井口
G307	压裂作业		口	按1口井计算	
G30701	压前配液	(1) 配液量； (2) 配液要求	次或 m^3	按设计或完成的配液次数或配液量计算	(1) 施工准备； (2) 现场配液

续表

项目编码	项目名称	项目特征	计量单位	工程量计算规则	工作内容
G30702	压裂施工	(1) 车辆类型、数量； (2) 井深； (3) 油管尺寸、下深； (4) 压裂方法； (5) 压裂液量	次或层或段或台时	按设计或完成的施工次数或层数或段数或时间计算	(1) 设备人员动迁； (2) 施工准备； (3) 压裂施工
G30703	压裂材料	(1) 品种； (2) 规格	m^3 或 t 或套	按设计或完成的材料数量计算	压裂液、支撑剂、添加剂、压裂工具等的现场检测和使用
G30704	压裂材料运输	(1) 重量或体积； (2) 运输要求	t·km 或次	按设计或完成的运输数或井次数量计算	(1) 装车； (2) 运输； (3) 卸车
G30705	压裂服务		口	按 1 口井计算	
G3070501	微地震监测	(1) 仪器型号； (2) 监测方法	d 或次	按设计或完成的监测时间或井次数计算	(1) 设备人员动迁； (2) 现场监测
G3070502	同位素示踪服务	(1) 示踪方法； (2) 作业要求	d 或次	按设计或完成的作业时间或压裂施工次数计算	(1) 设备人员动迁； (2) 现场作业
G308	酸化作业		口	按 1 口井计算	
G30801	酸前配液	(1) 配液量； (2) 配液要求	次或 m^3	按设计或完成的配液次数或配液量计算	(1) 施工准备； (2) 现场配液
G30802	酸化施工	(1) 车辆类型、数量； (2) 井深； (3) 油管尺寸、下深； (4) 酸化方法； (5) 酸化液量	次或层或段或台时	按设计或完成的施工次数或层数或段数或时间计算	(1) 设备人员动迁； (2) 施工准备； (3) 酸化施工
G30803	酸化材料	(1) 品种； (2) 规格	m^3 或 t 或套	按设计或完成的材料数量计算	酸液、添加剂和酸化工具的现场检测和使用
G30804	酸化材料运输	(1) 重量或体积； (2) 运输要求	t·km 或次	按设计或完成的运输数或井次数量计算	(1) 装车； (2) 运输； (3) 卸车
G309	其他作业		口	按 1 口井计算	
G30901	环保处理		口	按 1 口井计算	
G3090101	废弃物拉运	(1) 拉运方式； (2) 拉运数量	t·km 或次	按设计或完成的运输数量或井次数计算	(1) 装车； (2) 拉运； (3) 卸车
G3090102	废弃物处理	(1) 处理方式； (2) 处理数量	m^3 或 t 或次	按设计或完成的处理数量或井次数计算	(1) 处理； (2) 检验
G30902	地貌恢复	(1) 场地面积； (2) 回填要求	次或 m^2	按设计或完成的井次数或场地面积计算	(1) 清除垃圾； (2) 回填池坑； (3) 平整场地

3.3.2.4 工程建设其他项目工程量清单计算规则

工程建设其他项目由建设管理、工程设计、用地、环保管理、工程保险和贷款利息等构成。工程建设其他项目及工程量计算规则见表3-5。若有子项目未包含在已设立工程项目中，则放在相应的工程项目下面，并补充相关内容。

表3-5 工程建设其他项目及工程量计算规则

项目编码	项目名称	项目特征	计量单位	工程量计算规则	工作内容
Q1	建设管理		口	按1口井计算	
Q101	建设单位管理	建设单位	口	按设计或完成的1口井计算	(1) 钻井工程方案编制； (2) 钻井设计管理； (3) 钻井过程管理； (4) 钻井与地质监督管理； (5) 钻井资料与信息化管理； (6) 工程技术研究与应用； (7) 健康、安全、环境管理
Q102	钻井工程监督	(1) 监督类型； (2) 人数	d 或 口	按设计或完成的监督时间或1口井计算	(1) 驻井监督； (2) 巡井监督
Q103	总承包管理	总承包单位	口	按设计或完成的1口井计算	(1) 甲供材料管理； (2) 分包工程管理； (3) 竣工资料整理
Q104	工程奖励与处罚		口	按1口井计算	
Q10401	工程奖励	(1) 奖励依据； (2) 奖励项目	项或次或口	按实际的奖励项数或次数或1口井计算	按相关规定实施奖励
Q10402	工程处罚	(1) 处罚依据； (2) 处罚项目	项或次或口	按实际的处罚项数或次数或1口井计算	按相关规定实施处罚
Q2	工程设计		口	按1口井计算	
Q201	钻井设计		口或套	按1口井或1套计算	
Q20101	钻井地质设计	(1) 设计内容； (2) 设计要求	套或口	按设计或完成的套数或1口井计算	(1) 资料调研； (2) 编写设计； (3) 设计审核
Q20102	钻井工程设计				
Q20103	钻井工程预算				
Q20104	钻井施工设计				
Q202	完井设计		口或套	按1口井或1套计算	
Q20201	完井地质设计	(1) 设计内容； (2) 设计要求	套或口	按设计或完成的套数或1口井计算	(1) 资料调研； (2) 编写设计； (3) 设计审核
Q20202	完井工程设计				
Q20203	完井工程预算				
Q20204	压裂工程设计				
Q20205	酸化工程设计				
Q20206	完井施工设计				
Q3	用地		口	按1口井计算	

续表

项目编码	项目名称	项目特征	计量单位	工程量计算规则	工作内容
Q301	临时用地	(1) 租用时间； (2) 地貌条件	亩或 m²	按设计或完成的租用面积计算	(1) 现场实测； (2) 办理手续； (3) 建立档案
Q302	长期用地	(1) 租用时间； (2) 地貌条件	亩或 m²	按设计或完成的租用面积计算	(1) 现场实测； (2) 办理手续； (3) 建立档案
Q4	环保管理		口	按1口井计算	
Q401	环境影响评价	(1) 评价单位； (2) 评价项目	次或口	按设计或完成的次数或1口井计算	(1) 现场调查； (2) 编写报告
Q402	环保监测	(1) 监测单位； (2) 监测项目	次或口	按设计或完成的次数或1口井计算	(1) 现场监测； (2) 编写报告
Q403	地质灾害评估	(1) 评估单位； (2) 评估项目	次或口	按设计或完成的次数或1口井计算	(1) 现场调查； (2) 编写报告
Q404	水土保持评估	(1) 评估单位； (2) 评估项目	次或口	按设计或完成的次数或1口井计算	(1) 现场调查； (2) 编写报告
Q405	矿产压覆调查	(1) 调查单位； (2) 调查项目	次或口	按设计或完成的次数或1口井计算	(1) 现场调查； (2) 编写报告
Q5	工程保险	(1) 保险单位； (2) 文件规定	口或%	根据相关规定要求按1口井或取费比例计算	计取工程保险

3.3.3 钻井工程造价项目分级标准

3.3.3.1 钻井工程造价项目构成

基于钻井工程基本生产工艺流程，按照油气勘探开发建设项目基本程序，需要实施决策阶段、设计阶段、准备阶段、施工阶段、竣工阶段的全过程钻井工程造价管理。钻井工程造价项目由钻井工程费、工程建设其他费、预备费和贷款利息构成，见表3-6。

表3-6 钻井工程造价项目构成

钻井工程造价	钻井工程费	钻前工程费
		钻进工程费
		完井工程费
	工程建设其他费	建设管理费
		工程设计费
		用地费
		环保管理费
		工程保险费
	预备费	基本预备费
		价差预备费
	贷款利息	

3.3.3.2 钻井工程造价项目分级标准

按照钻井工程基本生产工艺流程，依据钻井工程项目分级标准，钻井工程造价项目共分为 7 个级别，见表 3-7。

表 3-7 钻井工程造价项目分级标准

Ⅰ级	Ⅱ级	Ⅲ级	Ⅳ级	Ⅴ级	Ⅵ级	Ⅶ级
G 钻井工程费						
	1 钻前工程费					
		1.1 勘测工程费				
			1.1.1 井位测量费			
			1.1.2 地质勘查费			
			1.1.3 勘测设计费			
		1.2 道路工程费				
			1.2.1 新建道路费			
			1.2.2 维修道路费			
			1.2.3 修建桥涵费			
		1.3 井场工程费				
			1.3.1 井场修建费			
			1.3.2 基础构筑费			
			1.3.3 池类构筑费			
			1.3.4 生活区修建费			
			1.3.5 围堰和隔离带构筑费			
		1.4 动迁工程费				
			1.4.1 设备拆安费			
			1.4.2 设备运移费			
			1.4.3 钻井队动员费			
		1.5 供水工程费				
			1.5.1 场内供水费			
			1.5.2 场外供水费			
			1.5.3 打水井费			
		1.6 供电工程费				
			1.6.1 场内供电费			

续表

Ⅰ级	Ⅱ级	Ⅲ级	Ⅳ级	Ⅴ级	Ⅵ级	Ⅶ级
				1.6.2 场外供电费		
		1.7 其他作业费				
				1.7.1 工程拆迁费		
				1.7.2 打桩服务费		
	2 钻进工程费					
		2.1 钻井作业费				
				2.1.1 钻井施工费		
				2.1.2 钻井材料费		
					2.1.2.1 钻头费	
					2.1.2.2 钻井液材料费	
					2.1.2.3 生产用水费	
				2.1.3 钻井材料运输费		
		2.2 钻井服务费				
				2.2.1 管具服务费		
				2.2.2 井控服务费		
				2.2.3 钻井液服务费		
				2.2.4 定向服务费		
				2.2.5 欠平衡服务费		
				2.2.6 取心服务费		
				2.2.7 顶驱服务费		
				2.2.8 旋转导向服务费		
				2.2.9 中途测试服务费		
				2.2.10 打捞服务费		
				2.2.11 生活服务费		
				2.2.12 保温服务费		
		2.3 固井作业费				
				2.3.1 固井施工费		
				2.3.2 固井材料费		
					2.3.2.1 套管费	
					2.3.2.2 套管附件费	

续表

I级	II级	III级	IV级	V级	VI级	VII级
				2.3.2.3 固井工具费		
				2.3.2.4 水泥费		
				2.3.2.5 水泥外加剂费		
			2.3.3 固井材料运输费			
			2.3.4 固井服务费			
				2.3.4.1 套管检测费		
				2.3.4.2 水泥试验费		
				2.3.4.3 水泥混拌费		
				2.3.4.4 下套管服务费		
				2.3.4.5 试压服务费		
		2.4 测井作业费				
			2.4.1 测井施工费			
			2.4.2 资料处理解释费			
		2.5 录井作业费				
			2.5.1 录井施工费			
			2.5.2 录井服务费			
				2.5.2.1 录井信息服务费		
				2.5.2.2 化验分析费		
				2.5.2.3 资料整理分析费		
				2.5.2.4 地质导向服务费		
				2.5.2.5 单井跟踪评价费		
		2.6 其他作业费				
			2.6.1 环保处理费			
				2.6.1.1 废弃物拉运费		
				2.6.1.2 废弃物处理费		
			2.6.2 地貌恢复费			
3 完井工程费						
	3.1 完井准备费					
		3.1.1 土建工程费				
			3.1.1.1 维修道路费			

续表

Ⅰ级	Ⅱ级	Ⅲ级	Ⅳ级	Ⅴ级	Ⅵ级	Ⅶ级
				3.1.1.2 维修井场费		
			3.1.2 动迁工程费			
				3.1.2.1 设备拆安费		
				3.1.2.2 设备运移费		
				3.1.2.3 作业队动员费		
		3.2 完井作业费				
			3.2.1 完井施工费			
			3.2.2 完井材料费			
				3.2.2.1 井口装置费		
				3.2.2.2 油管费		
				3.2.2.3 完井液费		
				3.2.2.4 完井工具费		
			3.2.3 完井材料运输费			
			3.2.4 完井服务费			
				3.2.4.1 特车服务费		
				3.2.4.2 连续油管作业费		
				3.2.4.3 下桥塞费		
				3.2.4.4 投灰费		
		3.3 录井作业费				
			3.3.1 录井施工费			
			3.3.2 录井服务费			
		3.4 测井作业费				
			3.4.1 测井施工费			
			3.4.2 资料处理解释费			
		3.5 射孔作业费				
			3.5.1 射孔施工费			
			3.5.2 爆炸切割费			
			3.5.3 爆燃压裂费			
		3.6 测试作业费				
			3.6.1 地面计量费			

续表

Ⅰ级	Ⅱ级	Ⅲ级	Ⅳ级	Ⅴ级	Ⅵ级	Ⅶ级
			3.6.2 地层测试费			
			3.6.3 试井作业费			
			3.6.4 钢丝作业费			
		3.7 压裂作业费				
			3.7.1 压前配液费			
			3.7.2 压裂施工费			
			3.7.3 压裂材料费			
			3.7.4 压裂材料运输费			
			3.7.5 压裂服务费			
				3.7.5.1 微地震监测费		
				3.7.5.2 同位素示踪服务费		
		3.8 酸化作业费				
			3.8.1 酸前配液费			
			3.8.2 酸化施工费			
			3.8.3 酸化材料费			
			3.8.4 酸化材料运输费			
		3.9 其他作业费				
			3.9.1 环保处理费			
				3.9.1.1 废弃物拉运费		
				3.9.1.2 废弃物处理费		
			3.9.2 地貌恢复费			
Q 工程建设其他费						
	1 建设管理费					
		1.1 建设单位管理费				
		1.2 钻井工程监督费				
		1.3 总承包管理费				
		1.4 工程奖励与处罚				
			1.4.1 工程奖励			
			1.4.2 工程处罚			
	2 工程设计费					

续表

Ⅰ级	Ⅱ级	Ⅲ级	Ⅳ级	Ⅴ级	Ⅵ级	Ⅶ级
		2.1 钻井设计费				
			2.1.1 钻井地质设计费			
			2.1.2 钻井工程设计费			
			2.1.3 钻井工程预算费			
			2.1.4 钻井施工设计费			
		2.2 完井设计费				
			2.2.1 完井地质设计费			
			2.2.2 完井工程设计费			
			2.2.3 完井工程预算费			
			2.2.4 压裂工程设计费			
			2.2.5 酸化工程设计费			
			2.2.6 完井施工设计费			
	3 用地费					
		3.1 临时用地费				
		3.2 长期用地费				
	4 环保管理费					
		4.1 环境影响评价费				
		4.2 环保监测费				
		4.3 地质灾害评估费				
		4.4 水土保持评估费				
		4.5 矿产压覆调查费				
	5 工程保险费					
Y 预备费						
	1 基本预备费					
	2 价差预备费					
D 贷款利息						

3.3.4 建设单位钻井工程投资计价方法

3.3.4.1 建设单位中长期规划钻井工程投资计价方法

中长期规划中钻井工程投资采用钻井工程参考指标乘以油气勘探开发项目中对应钻井工程量的方法计算。

$$V_1 = \sum_{i=1}^{N}\left(C_{1i} \times W_{1i}\right) \qquad (3-1)$$

式中 V_1——中长期规划中钻井工程投资，万元；
　　N——中长期规划中包含的井别数量，种；
　　C_{1i}——某一种井别的钻井工程参考指标，万元/口；
　　W_{1i}——某一种井别所对应的钻井井数，口。

也可以采用下式计算中长期规划中钻井工程投资：

$$V_1 = \sum_{i=1}^{N}\left(P_{1i} \times Q_{1i}\right) \div 10000 \qquad (3-2)$$

式中 V_1——中长期规划中钻井工程投资，万元；
　　N——中长期规划中包含的井别数量，种；
　　P_{1i}——某一种井别的钻井工程参考指标，元/m；
　　Q_{1i}——某一种井别所对应的钻井进尺，m。

3.3.4.2 建设单位年度计划钻井工程投资计价方法

年度计划中钻井工程投资采用钻井工程概算指标乘以对应钻井工程量的方法计算。

$$V_2 = \sum_{i=1}^{N}\left(C_{2i} \times W_{2i}\right) \qquad (3-3)$$

式中 V_2——年度计划中钻井工程投资，万元；
　　N——年度计划中代表井数量，口；
　　C_{2i}——某一类代表井的钻井工程单井造价概算指标，万元/口；
　　W_{2i}——某一类代表井所对应的钻井井数，口。

也可以采用下式计算年度计划中钻井工程投资：

$$V_2 = \sum_{i=1}^{N}\left(P_{2i} \times Q_{2i}\right) \div 10000 \qquad (3-4)$$

式中 V_2——年度计划中钻井工程投资，万元；
　　N——年度计划中代表井数量，口；
　　P_{2i}——某一类代表井钻井工程单位造价概算指标，元/m；

Q_{2i}——某一类代表井所对应的钻井进尺，m。

3.3.4.3 建设单位可研估算钻井工程投资计价方法

可研估算中钻井工程投资采用代表井钻井工程投资乘以对应钻井工程量的方法计算。

$$V_3 = \sum_{i=1}^{N}(C_{3i} \times W_{3i}) \quad (3-5)$$

式中 V_3——可研估算中钻井工程投资，万元；
N——可研估算中设计的代表井数量，口；
C_{3i}——某一口代表井钻井工程单井造价，万元/口；
W_{3i}——代表井所对应的钻井井数，口。

也可以采用下式计算可研估算中钻井工程投资：

$$V_3 = \sum_{i=1}^{N}(P_{3i} \times Q_{3i}) \div 10000 \quad (3-6)$$

式中 V_3——可研估算中钻井工程投资，万元；
N——可研估算中设计的代表井数量，口；
P_{3i}——某一口代表井钻井工程单位造价，元/m；
Q_{3i}——代表井所对应的钻井进尺，m。

代表井钻井工程投资 = 钻井工程费 + 工程建设其他费 + 预备费 + 贷款利息。

钻井工程费 = 钻前工程费 + 钻进工程费 + 完井工程费。

钻前工程费 = 勘测工程费 + 道路工程费 + 井场工程费 + 动迁工程费 + 供水工程费 + 供电工程费 + 其他作业费；钻进工程费 = 钻井作业费 + 钻井服务费 + 固井作业费 + 测井作业费 + 录井作业费 + 其他作业费；完井工程费 = 完井准备费 + 完井作业费 + 录井作业费 + 测井作业费 + 射孔作业费 + 测试作业费 + 压裂作业费 + 酸化作业费 + 其他作业费。

工程建设其他费 = 建设管理费 + 工程设计费 + 用地费 + 环保管理费 + 工程保险费。

预备费 = 基本预备费 + 价差预备费。

贷款利息 =（钻井工程费 + 工程建设其他费 + 预备费）× 贷款比例 × 贷款利率

规定计量单位工程费 = 工程量 × 综合单价。

3.3.4.4 建设单位初设概算钻井工程投资计价方法

初设概算中钻井工程投资采用代表井钻井工程投资乘以对应钻井工程量的方法计算。

$$V_4 = \sum_{i=1}^{N}(C_{4i} \times W_{4i}) \quad (3-7)$$

式中 V_4——初设概算中钻井工程投资，万元；

N——初设概算中设计的代表井数量,口;
C_{4i}——某一口代表井钻井工程单井造价,万元/口;
W_{4i}——代表井所对应的钻井井数,口。

也可以采用下式计算初设概算中钻井工程投资:

$$V_4 = \sum_{i=1}^{N}(P_{4i} \times Q_{4i}) \div 10000 \qquad (3-8)$$

式中　V_4——初设概算中钻井工程投资,万元;
　　　N——初设概算中设计的代表井数量,口;
　　　P_{4i}——某一口代表井钻井工程单位造价,元/m;
　　　Q_{4i}——代表井所对应的钻井进尺,m。

代表井钻井工程投资=钻井工程费+工程建设其他费+预备费+贷款利息。

钻井工程费=钻前工程费+钻进工程费+完井工程费。

钻前工程费=勘测工程费+道路工程费+井场工程费+动迁工程费+供水工程费+供电工程费+其他作业费;钻进工程费=钻井作业费+钻井服务费+固井作业费+测井作业费+录井作业费+其他作业费;完井工程费=完井准备费+完井作业费+录井作业费+测井作业费+射孔作业费+测试作业费+压裂作业费+酸化作业费+其他作业费。

工程建设其他费=建设管理费+工程设计费+用地费+环保管理费+工程保险费。

预备费=基本预备费+价差预备费。

贷款利息=(钻井工程费+工程建设其他费+预备费)×贷款比例×贷款利率

规定计量单位工程费=工程量×综合单价。

3.3.4.5　建设单位设计预算钻井工程投资计价方法

钻井工程投资预算编制通常有4种情况:一是基于区块标准井钻井工程设计的一批井的区块钻井工程投资预算;二是基于单井钻井工程设计的一口井单井钻井工程投资预算;三是基于独立的单位工程设计的单位工程投资预算,如钻前工程投资预算;四是基于独立设计和特殊管理的分部工程投资预算,如测井作业投资预算、压裂作业投资预算。钻井工程预算采用工程量清单计价方法。

区块钻井工程投资预算编制方法同钻井工程初设概算编制方法基本一致。主要区别有两个方面:(1)区块钻井工程投资预算是基于区块标准井钻井工程设计,比概算时可能更加细化和具体;(2)区块钻井工程投资预算仅为钻井工程费和部分工程建设其他费,不包括预备费、贷款利息。

设计预算中区块钻井工程预算投资采用标准井钻井工程造价乘以对应钻井工程量的方法计算。

$$V_5 = \sum_{i=1}^{N}(C_{5i} \times W_{5i}) \qquad (3-9)$$

式中　V_5——设计预算中区块钻井工程投资,万元;

N——设计预算中区块的标准井数量，口；
C_{5i}——某一口标准井钻井工程单井造价，万元/口；
W_{5i}——标准井所对应的钻井井数，口。

也可以采用下式计算设计预算中区块钻井工程投资：

$$V_5 = \sum_{i=1}^{N}(P_{5i} \times Q_{5i}) \div 10000 \tag{3-10}$$

式中　V_5——设计预算中区块钻井工程投资，万元；
　　　N——设计预算中区块的标准井数量，口；
　　　P_{5i}——某一口标准井钻井工程单位造价，元/m；
　　　Q_{5i}——标准井所对应的钻井进尺，m。

单井钻井工程投资预算编制方法同钻井工程初设概算编制方法中代表井钻井工程投资编制方法基本一致。主要区别有两个方面：(1) 单井钻井工程投资预算是基于单井钻井工程设计，比概算时可能更加细化和具体；(2) 单井钻井工程投资预算仅为钻井工程费和部分工程建设其他费，不包括预备费、贷款利息。

单井钻井工程投资 = 钻井工程费 + 工程建设其他费。

钻井工程费 = 钻前工程费 + 钻进工程费 + 完井工程费。

钻前工程费 = 勘测工程费 + 道路工程费 + 井场工程费 + 动迁工程费 + 供水工程费 + 供电工程费 + 其他作业费；钻进工程费 = 钻井作业费 + 钻井服务费 + 固井作业费 + 测井作业费 + 录井作业费 + 其他作业费；完井工程费 = 完井准备费 + 完井作业费 + 录井作业费 + 测井作业费 + 射孔作业费 + 测试作业费 + 压裂作业费 + 酸化作业费 + 其他作业费。

工程建设其他费 = 建设管理费 + 工程设计费 + 用地费 + 环保管理费。

规定计量单位工程费 = 工程量 × 综合单价。

3.3.4.6　建设单位钻井工程招标标底计价方法

同设计预算基本一致，招标范围通常有4种情况：(1) 基于区块标准井钻井工程设计的一批井的区块钻井工程招标；(2) 基于单井钻井工程设计的一口井钻井工程招标；(3) 基于独立的单位工程设计的单位工程招标，如钻前工程招标；(4) 基于独立设计和特殊管理的分部工程招标，如测井作业招标。

钻井工程招标标底采用工程量清单计价方法。招标标底的工程量清单计价方法同钻井工程设计预算编制方法是一致的，仅具体的工程量和综合单价的数值有差别。

3.3.4.7　建设单位钻井工程合同价格计价方法

钻井工程合同价格编制同钻井工程招标标底编制的4种情况是一致的：(1) 基于区块标准井钻井工程设计的一批井的区块钻井工程合同价格；(2) 基于单井钻井工程设计的一口井钻井工程合同价格；(3) 基于独立的单位工程设计的单位工程合同价格，如钻前工程合同价格；(4) 基于独立设计和特殊管理的分部工程合同，如测井作业合同价格。

钻井工程合同价格采用工程量清单计价方法。合同价格的工程量清单计价方法同钻工程设计预算和招标标底的编制方法是一致的，仅具体的工程量和综合单价的数值有差别。

3.3.4.8 建设单位钻井工程施工结算计价方法

在钻井工程施工过程中，根据项目管理要求，往往签订若干个工程施工和技术服务合同，每个合同执行完成后，都要进行完工或竣工结算。施工结算指工程项目完工并经验收合格后，甲乙双方按照钻井工程合同的约定，对所完成的工程项目进行工程价款的计算、调整和确认，包括钻井工程施工的工程计量、合同价格调整、造价测算。钻井工程施工结算采用工程量清单计价方法。

工程计量就是根据合同约定，甲乙双方对施工单位完成合同工程的数量进行计算和确认。工程计量范围包括工程量清单及工程变更所修订的工程量清单的内容、合同文件中规定的各种费用支付项目，如费用索赔、各种预付款、价格调整、违约金等。工程计量依据包括工程设计、工程量清单及编制说明、工程变更导致修订的工程量清单、合同条件、技术规范、有关计量的补充协议、质量合格证书等。不符合合同文件要求的工程不予计量。因施工单位原因造成的超出合同工程范围施工或返工的工程量不予计量。

合同价格调整是在钻井工程施工和竣工阶段，由于工程实际情况发生变化，依据合同条款等相关规定，在甲乙双方协商一致的条件下，对某些综合单价进行相应调整，并根据合同约定的工程奖励与处罚条件、数额，确认最终钻井工程奖励与处罚数额。

造价测算是在确认实际完成工程量、合同价格调整的情况下，依据工程量清单，对照钻井工程设计和合同约定价格，逐项测算各项工程合价、整个工程单井造价和单位造价。

3.3.4.9 建设单位钻井工程竣工决算计价方法

钻井工程竣工决算采用工程量清单计价方法。按照相关规定，钻井工程竣工决算按区块分井型以单井为核算对象，由财务部门编制竣工决算报告。具体分为地质勘探支出和油气开发支出两大类。

探井工程、评价井工程按区块分单井计入地质勘探支出。探井、评价井钻井工程结算费用直接采用钻井工程结算报告中的实际结算数值。建设单位发生的"管理费用"和其他无法直接计入单井工程的支出，以本单位地质勘探支出当期发生额为基数，分月按比例分配计入单井工程支出。财务部门按季度依据各单位地质勘探支出余额计算资本化利息，各单位再将应负担的资本化利息分配计入单井或单项工程。

开发井工程结算费用应按区块分单井计入油气开发支出。开发井钻井工程结算费用直接采用钻井工程结算报告中的实际结算数值。建设单位发生的"管理费用"和其他无法直接计入单井或单项工程的支出，应以本单位油气开发支出当期发生额为基数，分月按比例分配计入单井或单项工程支出。财务部门按季度依据各单位油气开发支出余额计算资本化利息，各单位再将应负担的资本化利息分配计入单井或单项工程。

3.3.4.10 建设单位钻井工程投资后评价计价方法

油气勘探开发建设项目后评价阶段主要开展油气勘探项目后评价和油气田开发建设项

目后评价。

油气勘探项目后评价报告主要内容包括前言、项目概况、项目决策及部署评价、物化探工程评价、钻探工程评价、投资与勘探效益评价、影响与持续性评价和综合后评价等内容。投资与勘探效益评价包括投资执行情况分析、工程投资分析、勘探成效分析、经济效益评价、评价结论。工程投资分析时，将批复的勘探规划方案（可行性研究方案）中编制的探井（预探井和评价井）投资估算、年度投资计划和项目实际发生的投资进行比较，说明投资变化的原因；将每年的单位工程造价进行对比，分析单位工程造价变化趋势和原因，提出进一步控制单位工程造价的技术或管理措施和建议；根据不同的井深及井别，选择项目典型探井，列出典型探井造价构成，分析并评价钻井工程造价构成的合理性；有条件的要与邻区、本企业进行横向对比，分析差异和原因。

油气田开发建设项目后评价报告主要内容包括前言、项目概况、前期工作评价、地质油气藏工程评价、钻井工程评价、采油（气）工程评价、地面工程评价、生产运行评价、投资与经济效益评价、影响与持续性评价和综合后评价等内容。投资与经济效益评价主要包括投资执行情况评价、项目经济效益评价、项目不确定性分析、评价结论。投资执行情况评价时，说明竣工决算投资与批复的开发方案估算、初步设计概算以及下达计划投资的差异程度。如果新钻开发井投资差异较大时，应详细分析新钻开发井投资变动情况，对变动幅度大的单项投资，从井型、井身结构、平均井深、平均单井投资、平均单位造价等方面重点分析差异原因。

3.3.5 施工单位钻井工程成本计价方法

3.3.5.1 施工单位钻井工程成本预算计价方法

钻井工程成本预算编制通常有4种情况：（1）基于区块标准井钻井工程设计的一批井的区块钻井工程成本预算；（2）基于单井钻井工程设计的一口井单井钻井工程成本预算；（3）基于独立的单位工程设计的单位工程成本预算，如钻前工程成本预算；（4）基于独立设计和特殊管理的分部工程预算，如测井作业成本预算。钻井工程成本预算采用工程量清单计价方法。

区块钻井工程成本预算采用标准井钻井工程造价乘以对应钻井工程量的方法计算。

$$V_6 = \sum_{i=1}^{N}(C_{6i} \times W_{6i}) \tag{3-11}$$

式中　V_6——区块钻井工程成本，万元；
　　　N——区块设计的标准井数量，口；
　　　C_{6i}——某一口标准井钻井工程单井造价，万元/口；
　　　W_{6i}——标准井所对应的钻井井数，口。

也可以采用下式计算区块钻井工程成本。

$$V_6 = \sum_{i=1}^{N}(P_{6i} \times Q_{6i}) \div 10000 \tag{3-12}$$

式中　V_6——区块钻井工程成本，万元；
　　　N——区块设计的标准井数量，口；
　　　P_{6i}——某一口标准井钻井工程单位造价，元/m；
　　　Q_{6i}——标准井所对应的钻井进尺，m。

单井钻井工程成本 = 钻井工程费 + 工程建设其他费。

钻井工程费 = 钻前工程费 + 钻进工程费 + 完井工程费。

钻前工程费 = 勘测工程费 + 道路工程费 + 井场工程费 + 动迁工程费 + 供水工程费 + 供电工程费 + 其他作业费；钻进工程费 = 钻井作业费 + 钻井服务费 + 固井作业费 + 测井作业费 + 录井作业费 + 其他作业费；完井工程费 = 完井准备费 + 完井作业费 + 录井作业费 + 测井作业费 + 射孔作业费 + 测试作业费 + 压裂作业费 + 酸化作业费 + 其他作业费。

工程建设其他费 = 建设管理费 + 工程设计费 + 用地费 + 环保管理费 + 工程保险费。

规定计量单位工程费 = 工程量 × 综合单价。

3.3.5.2　施工单位钻井工程投标报价计价方法

投标报价由施工单位根据建设单位招标文件中给定的模板进行编制。投标报价同钻井工程招标标底编制的4种情况保持一致：（1）基于区块标准井钻井工程设计的一批井的区块钻井工程投标报价；（2）基于单井钻井工程设计的一口井钻井工程投标报价；（3）基于独立的单位工程设计的单位工程投标报价，如钻前工程投标报价；（4）基于独立设计和特殊管理的分部工程投标，如测井作业投标报价。

钻井工程投标报价采用工程量清单计价方法。投标报价的工程量清单计价方法同钻井工程成本预算编制方法是一致的，仅具体的工程量和综合单价的数值有差别。

3.3.5.3　施工单位钻井工程合同价格计价方法

合同价格根据中标结果由建设单位和施工单位共同编制。钻井工程合同价格的编制采用工程量清单计价方法。合同价格的工程量清单计价方法同钻井工程成本预算编制方法是一致的，仅具体的工程量和综合单价的数值有差别。

3.3.5.4　施工单位钻井工程施工结算计价方法

施工结算指工程项目完工并经验收合格后，甲乙双方按照钻井工程合同的约定，对所完成的工程项目进行工程价款的计算、调整和确认，包括钻井工程工程计量、合同价格调整、造价测算。钻井工程施工结算采用工程量清单计价方法。

工程计量就是根据合同约定，甲乙双方对施工单位完成合同工程的数量进行计算和确认。工程计量范围包括工程量清单及工程变更所修订的工程量清单的内容、合同文件中规定的各种费用支付项目，如费用索赔、各种预付款、价格调整、违约金等。工程计量依据包括工程设计、工程量清单及编制说明、工程变更导致修订的工程量清单、合同条件、技术规范、有关计量的补充协议、质量合格证书等。不符合合同文件要求的工程不予计量。

合同价格调整是在钻井工程竣工阶段，由于工程实际情况发生变化，依据合同条款等相关规定，在甲乙双方协商一致的条件下，对某些综合单价进行相应调整，并根据合同约定的工程奖励与处罚条件、数额，确认最终钻井工程奖励与处罚数额。

造价测算是在确认实际完成工程量、合同价格调整的情况下，依据工程量清单，对照钻井工程设计和合同约定价格，逐项测算各项工程合价、整个工程单井造价和单位造价。

3.4 钻井工程计价标准知识体系

钻井工程计价标准知识体系是一套基于工程量清单计价模式、满足油气勘探开发建设项目全过程管理需要的计价标准体系，主要内容包括3个部分。第1部分是钻井工程计价标准基本概念，包括钻井工程基础定额、消耗定额、费用定额、预算定额、工程建设其他定额、概算定额、概算指标、估算指标、参考指标的概念和主要作用。第2部分是一套建设单位钻井工程计价标准管理方法，包括钻井工程计价标准编制流程、钻井生产力水平分析和钻井工程预算定额、工程建设其他定额、概算定额、概算指标、估算指标、参考指标的编制方法以及钻井工程计价标准应用方法。第3部分是一套施工单位钻井工程计价标准管理方法，包括钻井工程计价标准编制流程、钻井生产力水平分析和钻井工程基础定额、消耗定额、费用定额、预算定额、工程建设其他定额、概算定额、概算指标的编制方法以及钻井工程计价标准应用方法。

3.4.1 钻井工程计价标准基本概念

钻井工程计价标准是指根据一定的技术标准和施工组织条件，完成规定计量单位的钻井工程量所消耗的人工、设备、材料和费用的标准额度，是一种经济技术标准。钻井工程计价标准体系包括基础定额、消耗定额、费用定额、预算定额、工程建设其他定额、概算定额、概算指标、估算指标、参考指标等9种。图3-4给出了钻井工程计价标准体系结构。

3.4.1.1 钻井工程基础定额

基础定额是在一定的生产组织方式和生产条件下，在某一个油气区范围内实施钻井工程的人员、设备配备标准和相关工作量标准。基础定额包括生产组织定额、生产条件定额。

（1）生产组织定额。生产组织定额是在某一个油气区正常生产条件下组织实施钻井工程所需要一系列施工队伍的类型、数量和配套施工手段。生产组织定额包括施工队伍定额、人员定额、设备定额、工作量定额。

①施工队伍定额是在某一个油气区为实施钻井工程需要配套的一系列施工队伍类型、数量标准，例如钻井队、固井队、测井队、录井队的类型和数量。

②人员定额是在某一个油气区为实施钻井工程需要配备的施工队伍人员数量和费用标准，例如钻井队人员定额、测井队人员定额等。

③设备定额是在某一个油气区为实施钻井工程需要配备的施工设备配置数量和费用标准，例如各种钻机配套标准、各种固井作业规模设备配套标准、各种系列测井设备配置标准等。

```
钻井工程计价标准
├── 指标类标准
│   ├── 参考指标 —— 油气田工程造价
│   ├── 估算指标 —— 同类井工程造价
│   └── 概算指标 —— 标准井工程造价
└── 定额类标准
    ├── 概算定额 —— 标准井定额
    ├── 工程建设其他定额
    │   ├── 建设管理定额
    │   ├── 工程设计定额
    │   ├── 用地定额
    │   ├── 环保管理定额
    │   ├── 工程保险定额
    │   ├── 预备费定额
    │   ├── 贷款利息定额
    │   └── 增值税定额
    ├── 预算定额
    │   ├── 钻前工程预算定额
    │   ├── 钻进工程预算定额
    │   └── 完井工程预算定额
    ├── 费用定额
    │   ├── 人工费定额
    │   ├── 设备费定额
    │   ├── 材料费定额
    │   ├── 其他直接费定额
    │   ├── 企业管理费定额
    │   ├── 工程风险费定额
    │   └── 利润定额
    ├── 消耗定额
    │   ├── 工时定额
    │   └── 材料定额
    └── 基础定额
        ├── 生产组织定额
        └── 生产条件定额
```

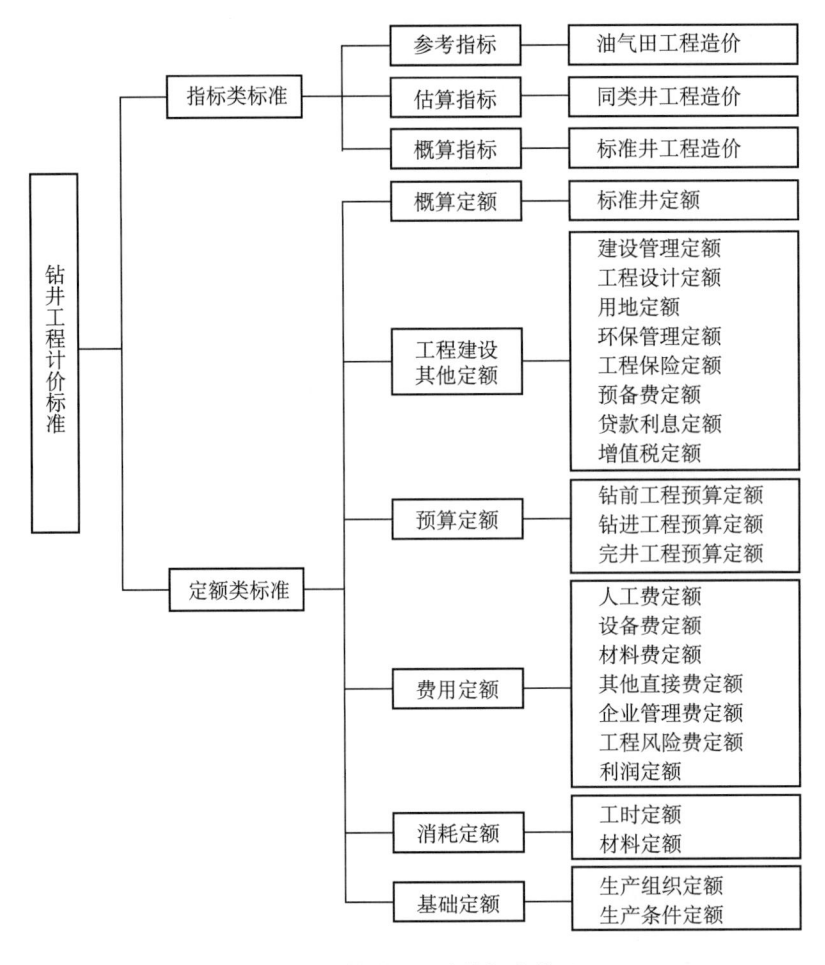

图3-4 钻井工程计价标准体系

④工作量定额是在某一个油气区正常生产组织和施工条件下，某一时间段内钻井施工队伍和设备应该并且能够实施的钻井工程量标准，例如年有效工作时间、年有效工作量等。

（2）生产条件定额。生产条件定额是在某一个油气区正常生产条件下组织实施钻井工程所需要的相关技术标准和有关管理规定。生产条件定额包括油气田和区块划分标准、设备类型划分标准、平均行驶距离、车辆平均行驶速度等。

①油气田和区块划分标准是在某一个油气区范围根据油气藏地质条件和生产管理需要而划分的油气田和区块。

②设备类型划分标准是在某一个油气区正常生产条件下实施钻井工程各种设备类型归类标准，例如ZJ60DS钻机划归为ZJ70级别钻机。

③平均行驶距离是在某一个油气区正常生产条件下实施钻井工程各种车辆在生产基地、油气田、区块、材料库等之间行驶的平均距离。

④车辆平均行驶速度是在某一个油气区正常生产条件下实施钻井工程各种车辆的平均行驶速度。

基础定额主要作用：基础定额涵盖了本油气区范围内实施钻井工程的施工队伍类型和各种施工队伍的总体结构，代表了当前生产力条件下的油气区钻井生产总体能力和水平。基础定额是编制消耗定额、费用定额和预算定额的基础，也为总体优化钻井生产组织、提高劳动生产率、有效降低钻井综合成本打下基础。

3.4.1.2 钻井工程消耗定额

消耗定额是在一定工艺技术和生产组织条件下，施工队伍为实施钻井工程中规定计量单位工程所消耗的人工工时、设备台时以及材料数量的标准。消耗定额包括工时定额和材料定额。

（1）工时定额指实施钻井工程中某一规定计量单位工程消耗的人工工时和设备台时。

（2）材料定额指实施钻井工程中某一规定计量单位工程消耗的材料数量。

消耗定额主要作用：消耗定额是编制预算定额的基础。消耗定额乘以相对应的工时和材料价格，编制出预算定额中的人工费、设备费、材料费。消耗定额也为施工单位有效节约钻井工程人工、设备、材料消耗和制定考核指标提供了定量标准。

3.4.1.3 钻井工程费用定额

费用定额是在基础定额和消耗定额所规定的生产组织和施工条件下，施工队伍实施钻井工程中规定计量单位工程所消耗的各种费用标准。费用定额包括人工费定额、设备费定额、材料费定额、其他直接费定额、企业管理费定额、工程风险费定额、利润定额。

（1）人工费定额指实施钻井工程中规定计量单位工程所消耗的人工费标准，包括技能工资、岗位工资、各种津贴、保险等与人员有关的全部费用。

（2）设备费定额指实施钻井工程中规定计量单位工程所消耗的设备费标准，包括设备折旧、修理费，有些设备和重复使用的工具按摊销计算，有些设备以某种服务价格表现。

（3）材料费定额指实施钻井工程中规定计量单位工程所消耗的材料费标准。

（4）其他直接费定额指实施钻井工程中规定计量单位工程所直接消耗的但不能归入上述三种费用定额的相关费用标准，例如通信费、日常运输费等。

（5）企业管理费定额指实施钻井工程中规定计量单位工程所要分摊的管理性和辅助性费用标准，是施工企业管理费，包括项目组（部）、分（子）公司和公司总部三级管理费。

（6）工程风险费定额指实施钻井工程中规定计量单位工程所要分摊的风险性费用标准。风险性费用指意外情况下发生的自然灾害、井下复杂或事故，造成时间和材料消耗大幅度增加而发生的费用。

（7）利润定额指施工队伍实施钻井工程中规定计量单位工程而应得的名义利润标准。

费用定额主要作用：费用定额是编制预算定额的基础。预算定额中人工费、设备费、材料费、其他直接费、管理费、风险费、利润由费用定额计算得出。费用定额也为施工单位有效节约钻井工程各项费用和制定费用考核指标提供了定量标准。

3.4.1.4 钻井工程预算定额

预算定额指实施钻井工程中规定计量单位工程所消耗的人工、设备、材料和其他项目的费用标准。钻井工程预算定额包括钻前工程预算定额、钻进工程预算定额、完井工程预算定额。预算定额是一种综合单价，由直接费、间接费、利润三部分构成，主要表现形式有分部分项工程综合单价、队伍施工综合单价、主要材料综合单价、材料运输综合单价、其他作业综合单价等。

（1）分部分项工程综合单价是按规定计量单位分部分项工程所消耗的人工、设备、材料和其他项目的综合单位价格，例如道路修建综合单价、井场修建综合单价。

（2）队伍施工综合单价是钻井工程施工队伍实施规定计量单位工程所消耗的人工、设备、材料和其他项目的综合单位价格，例如钻井队日费价格、录井队日费价格。

（3）主要材料综合单价是钻井工程中按照规定计量单位单独核算的主要材料综合单位价格，例如钻头、套管等主要材料价格。

（4）材料运输综合单价是钻井工程施工过程中按照规定计量单位运送材料的综合单位价格，例如各种卡车、罐车的运输价格。

（5）其他作业综合单价是钻井工程施工过程中按照规定计量单位实施其他作业的综合单位价格，例如废弃钻井液环保处理价格。

预算定额主要作用：预算定额是一种综合性计价定额，是编制概算指标的基础。预算定额是建设单位编制钻井工程初设概算、设计预算、招标标底和确定合同价格、实施工程结算的主要依据，是施工单位编制钻井工程成本预算、投标报价和确定合同价格、实施工程结算的主要依据，也为建设单位和施工单位进行经济活动分析、制定考核指标提供了定价依据。

3.4.1.5 工程建设其他定额

工程建设其他定额是在实施钻井工程过程中非钻井工程实体消耗，但与实施钻井工程密切相关的费用标准。工程建设其他定额包括建设管理定额、工程设计定额、用地定额、环保管理定额、工程保险定额、预备费定额、贷款利息定额、增值税定额。

工程建设其他定额主要作用：工程建设其他定额是编制概算指标的基础。工程建设其他定额是建设单位编制钻井工程可研估算、初设概算、设计预算、招标标底和确定合同价格、实施工程结算和竣工决算的主要依据，是施工单位编制钻井工程成本预算、投标报价和确定合同价格、实施工程结算的主要依据。

3.4.1.6 钻井工程概算定额

概算定额是在一定生产组织方式和生产条件下，在某一个油气区范围内实施一口标准井钻井工程的总体工程量消耗标准。标准井是代表本油气区现有钻井生产力水平的一种样板井，表明在一个区块或油气藏正常钻井施工条件下一口井的工程消耗。基于标准井的概算定额是按照工程量清单计算规则，建立某一个油气区一口标准井的全部工程量数量标准。

概算定额主要作用：概算定额是一种综合性消耗定额，是编制概算指标的基础。概算定额是建设单位编制钻井工程初设概算、设计预算、招标标底和确定合同价格、实施工程结算的主要依据，是施工单位编制钻井工程成本预算、投标报价和确定合同价格、实施工程结算的主要依据，也为建设单位和施工单位进行经济活动分析、制定考核指标提供了定量依据。

3.4.1.7 钻井工程概算指标

概算指标是在某一个油气区中实施一口标准井的全部工程造价标准。概算指标包括基础数据和工程量清单计价两部分。基础数据表明了标准井的主要特征，包括建设单位、油气田、区块、目的层、井别、井型、井身结构、井深、垂直井深、造斜点、水平位移、水平段长、压裂段数、钻井周期、完井周期、压裂周期、钻井设备、完井设备、压裂设备、税前单位造价、含税单位造价、税前单井造价、含税单井造价等23项内容，可根据需要增减基础数据项目。工程量清单计价包括钻井工程费、工程建设其他费、预备费和贷款利息。

概算指标主要作用：概算指标是一种综合性计价指标，是编制估算指标的基础。概算指标是建设单位编制钻井工程初设概算、设计预算、招标标底和确定合同价格的主要依据，是施工单位编制钻井工程成本预算、投标报价和确定合同价格的主要依据，也是建设单位和施工单位实施标准井管理的基础。标准井管理是根据近年本油气区实际完成的典型井参数，按照标准化工程项目、标准化费用项目、标准化计价方法，合理确定工程消耗和造价，建立若干个标准化样板工程，用于科学投资决策和钻井生产组织。

3.4.1.8 钻井工程估算指标

估算指标是在某一个油气区中同一类井钻井工程综合平均造价标准。估算指标包括基础数据和工程量清单计价两部分。基础数据包括建设单位、油气田、区块、目的层、井别、井型、井身结构、井深、钻井周期、完井周期、税前单位造价、含税单位造价、税前单井造价、含税单井造价等14项内容，可根据需要增减基础数据项目。工程量清单计价包括钻井工程费、工程建设其他费、预备费、贷款利息等内容。估算指标是在概算指标基础上进一步综合，比概算指标内容更粗。

估算指标主要作用：估算指标是编制参考指标的基础，是建设单位编制油气勘探开发项目可行性研究中钻井工程投资估算和钻井年度投资框架建议计划的主要依据。

3.4.1.9 钻井工程参考指标

参考指标是某一个油气区的钻井工程综合平均投资标准。参考指标通常包括油气公司参考指标、建设单位参考指标、油气田参考指标等，按井别分为探井参考指标、评价井参考指标、开发井参考指标和综合参考指标。参考指标是在估算指标基础上进一步综合，比估算指标内容更粗。

参考指标主要作用：参考指标是建设单位编制油气勘探开发项目中长期规划中钻井工程投资和油气勘探开发项目预可行性研究（立项建议书）中钻井工程投资的主要依据。

3.4.2 建设单位钻井工程计价标准编制方法

建设单位钻井工程计价标准体系包括参考指标、估算指标、概算指标、概算定额、预算定额、工程建设其他定额，建设单位钻井工程计价标准编制流程如图3-5所示。钻井工程计价标准编制总体上包括钻井生产力水平分析、定额编制（预算定额、概算定额、工程建设其他定额）、指标编制（概算指标、估算指标、参考指标）、计价标准化水平分析等4部分内容，又包括基础资料采集、数据统计分析、定额数值确定、标准水平测算等4个环节。钻井工程计价标准编制过程中需要多次反复优化调整相关工程量和综合单价，以保证项目设置科学、定额数值合理、总体水平先进、标准使用方便。

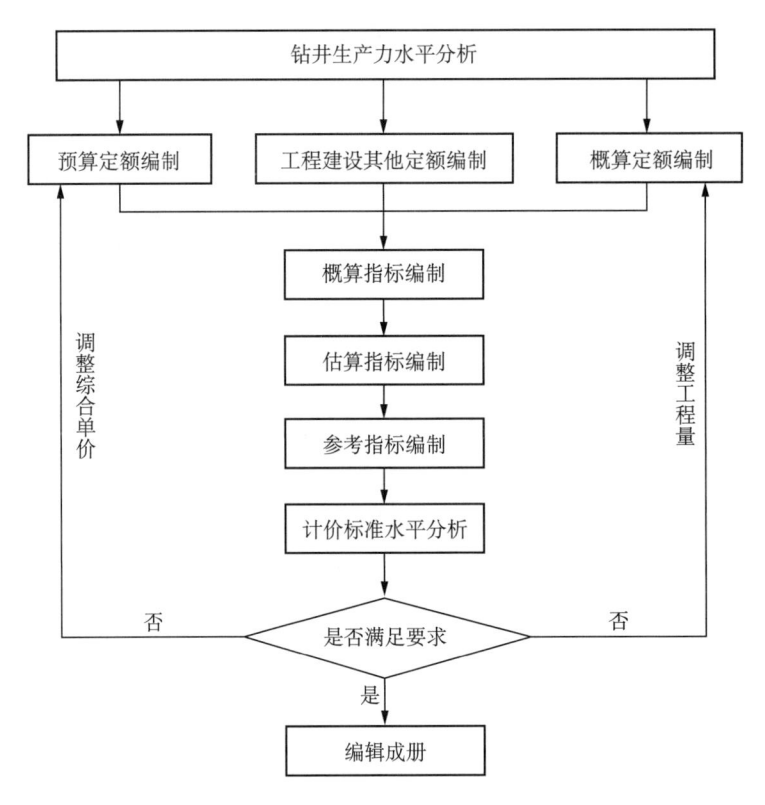

图 3-5 建设单位钻井工程计价标准编制流程

3.4.3 施工单位钻井工程计价标准编制方法

施工单位钻井工程计价标准体系包括概算指标、概算定额、预算定额、费用定额、消耗定额、基础定额、工程建设其他定额，施工单位钻井工程计价标准编制流程如图3-6所示。钻井工程计价标准编制工作总体上包括钻井生产力水平分析、基础定额编制、消耗定额编制、费用定额编制、预算定额编制、工程建设其他定额编制、概算定额编制、概算指标编制、计价标准水平分析、编辑成册等内容，又包括基础资料采集、数据统计分析、定额数值确定、标准水平测算等4个环节。钻井工程计价标准编制过程中需要多次反复优化调整相关工程量和综合单价，以保证项目设置科学、定额数值合理、总体水平先进、标准使用方便。

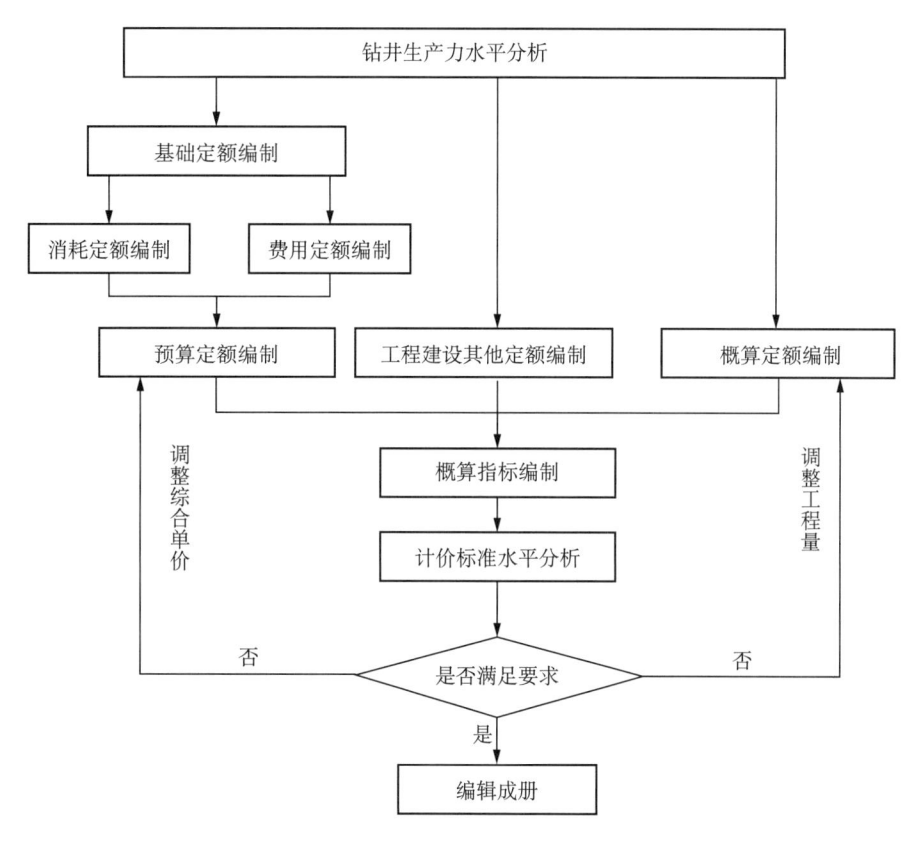

图 3-6 施工单位钻井工程计价标准编制流程

3.5 钻井工程全过程造价管理方法知识体系

钻井工程全过程造价管理方法知识体系是一套基于油气勘探开发建设项目全过程管理需要的钻井工程造价管理体系，主要内容包括3个部分。第1部分是一套钻井工程、钻井工程造价、钻井工程造价管理的基本概念和主要内容。第2部分是一套钻井工程造价管理需求、管理机制、管理手段的管理模型及主要内容。第3部分是一套油气勘探开发建设项目决策、设计、准备、施工、竣工、后评价各阶段的建设单位和施工单位钻井工程全过程造价管理方法。

3.5.1 钻井工程造价管理基本概念

钻井工程造价管理以钻井工程为研究对象，以钻井工程的造价确定与造价控制为主要内容，运用科学技术原理、经济与法律管理手段，解决钻井工程建设活动中的技术与经济、经营与管理等实际问题，从而提高投资效益和社会经济效益。

钻井工程造价管理主要内容就是合理确定和有效控制钻井工程造价。所谓合理确定钻井工程造价，就是在油气勘探开发项目建设的各个阶段，采用科学的计价方法，合理确定钻井工程估算价、概算价、预算价、合同价、结算价、决算价。所谓有效控制钻井工程造价，就是在油气勘探开发项目建设的各个阶段，在优化油气勘探开发方案、钻井工程设计方案的基础上，采用一定的方法和措施把钻井工程造价的发生控制在合理的范围和核定的造价限额以内。因此，钻井工程造价管理基本内容包括油气勘探开发项目的决策阶段钻井工程造价管理、设计阶段钻井工程造价管理、准备阶段钻井工程造价管理、施工阶段钻井工程造价管理、竣工阶段钻井工程造价管理、后评价阶段钻井工程造价管理。

钻井工程造价管理目标是按照经济规律的要求，根据市场经济的发展形势，利用科学管理方法和先进管理手段，合理地确定钻井工程造价和有效地控制钻井工程造价，提高建设单位投资效益和施工单位经营效果。

钻井工程造价管理发展方向是以全面造价管理理论为指导，实现全过程、全要素、全风险、全团队的全面钻井工程造价管理。

（1）全过程造价管理。实现对于决策阶段、设计阶段、准备阶段、施工阶段、竣工阶段、后评价阶段等钻井工程项目全过程造价的全面管理。包括两个方面：一是要合理确定由各项具体建设活动造价构成的钻井工程项目全过程造价；二是要科学控制各项具体建设活动过程的造价和钻井工程项目的总造价。

（2）全要素造价管理。实现对于影响钻井工程造价的工期、质量、费用3个基本要素的全面管理。这3个要素是可以相互影响和相互转化的。因此，对于钻井工程项目的全面造价管理，必须掌握一套从全要素管理入手的全面造价管理具体技术方法，分析和找出工期、质量、费用3个要素的相互关系，进而实现全要素造价集成管理。

（3）全风险造价管理。实现对于钻井工程的风险性造价和完全不确定性造价的全面管理。钻井工程造价的不确定性是绝对的，确定性是相对的。随着钻井工程项目的展开，钻井工程项目的大部分造价都会从最初的不确定性造价逐步地转变成为风险性造价，然后变为确定性造价。通常，只有项目完成时才会形成一个完全确定的钻井工程项目造价。因此，要实现对于钻井工程项目全风险造价管理，首先要识别一个钻井工程项目中存在的各种风险，并且定出全风险性造价；其次要通过控制风险事件的发生和发展，直接或间接地控制钻井工程项目的全风险造价；最后要开展对于包括工程风险费和预备费在内的各种风险性造价的直接控制，从而实现整个项目的全风险造价管理目标。

（4）全团队造价管理。实现对于参与钻井工程项目建设的建设单位、施工单位、设计单位、供应商等多个不同利益主体的全面管理。需要建立一套综合配套的造价管理制度，能够有效沟通各方之间的信息，协调各方之间的利益，建立起造价管理合作思想和收益共享的机制，以保证全面造价管理团队成员之间的真诚合作，实现钻井工程建设项目造价的最优化。

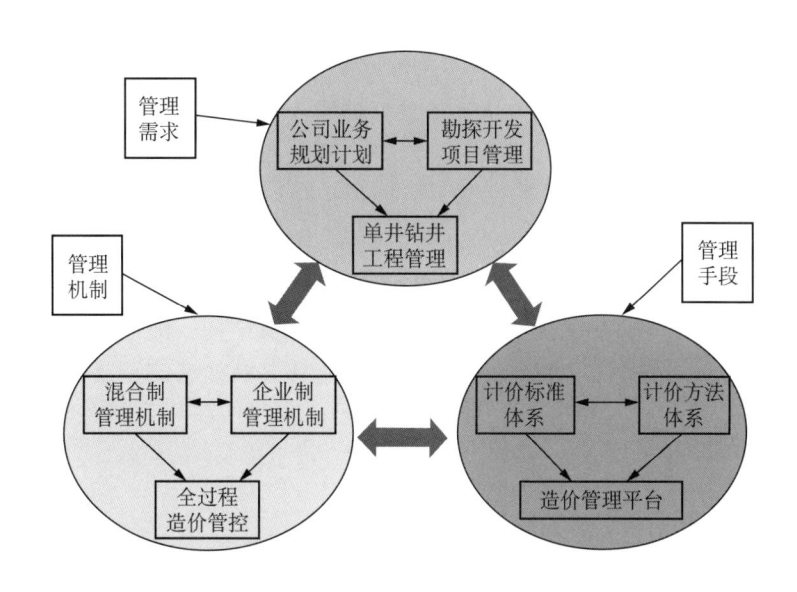

3.5.2 钻井工程造价管理模型

实施全面钻井工程造价管理，需要从钻井工程造价管理需求出发，建立科学合理的钻井工程造价管理机制和配套的管理手段。管理需求、管理机制、管理手段必须有机地结合在一起，三者互相依存，缺一不可。钻井工程造价管理模型如图 3-7 所示。

图 3-7 钻井工程造价管理模型

（1）管理需求包括 3 个层面：公司业务规划计划、勘探开发项目管理、单井钻井工程管理。公司业务规划计划和勘探开发项目管理分属于规划计划部门和勘探开发部门等不同的业务管理主体，两个层面处于平行状态，最终都要落实到具体建设单位的单井钻井工程管理。

（2）管理机制包括 3 个方面：混合制管理机制、企业制管理机制、全过程造价管控。混合制管理机制是在两个以上经济组织之间按照平等协商关系的运行管理，企业制管理机制是在一个经济组织内部按照行政等级关系的运行管理，两种管理机制配合应用，贯穿于决策阶段、设计阶段、准备阶段、施工阶段、竣工阶段、后评价阶段的钻井工程全过程造价管控。

（3）管理手段包括 3 个部分：计价标准体系、计价方法体系、造价管理平台。全过程计价标准体系和计价方法体系配套使用，二者要保持一致，并且共同在一个造价管理平台上发布和实施。

3.5.3 钻井工程全过程造价管理方法

3.5.3.1 决策阶段钻井工程造价管理方法

决策阶段钻井工程造价管理主要满足两个方面需要。一方面是满足公司业务规划计划需要，主要包括编制中长期发展规划、年度投资计划；另一方面是满足油气勘探开发项目管理需要，主要包括编制可行性研究报告、初步设计报告。按照决策先后顺序依次为中长期发展规划、可行性研究、初步设计、年度投资计划。

中长期发展规划钻井工程投资编制主要内容包括编制需求、编制方法。可行性研究钻井工程投资估算编制主要内容包括编制需求、编制方法。初步设计钻井工程投资概算编制主要内容包括编制需求、编制方法。年度投资计划钻井工程投资编制主要内容包括编制需求、编制方法。建设单位钻井工程造价管控重点主要内容包括收集整理资料、研究有关规定、合理选择计价依据、合理预测价格等动态因素变化、合理估算钻井工程预备费。

3.5.3.2 设计阶段钻井工程造价管理方法

建设单位钻井工程投资预算编制主要内容包括编制需求、编制方法。施工单位钻井工程成本预算编制主要内容包括编制需求、编制方法。建设单位钻井工程造价管控重点主要内容包括推行标准化设计、优化工程设计参数（优化井身结构、优化井型、优化钻井材料、优选井位、优选资料录取要求、优选完井方式、优选探井试油层位）、建立钻井工程投资预算预警制度。施工单位钻井工程造价管控重点主要内容包括钻井工程施工设计应考虑的问题、应用先进适用钻井技术。

3.5.3.3 准备阶段钻井工程造价管理方法

建设单位钻井工程招标主要内容包括招标需求、标底编制方法。施工单位钻井工程投标主要内容包括投标需求、投标报价编制方法。钻井工程合同价格编制主要内容包括合同价格编制需求、合同价格编制方法。建设单位钻井工程造价管控重点主要内容包括编制工程量清单、编制标底、签订鼓励性计价合同。施工单位钻井工程造价管控重点主要内容包括准确确定钻井工程合同价格、科学选择钻井施工设备。

3.5.3.4 施工阶段钻井工程造价管理方法

建设单位钻井工程施工结算主要内容包括结算需求、结算编制方法。施工单位钻井工程施工结算主要内容包括结算需求、结算编制方法。建设单位钻井工程造价管控重点主要内容包括编制资金使用计划、注意计价标准使用条件、准确确定工程量、加强工程变更管理、加强工程索赔管理、动态监控工程投资。施工单位钻井工程造价管控重点主要内容包括成本预测、成本计划、成本控制、成本核算、成本分析、成本考核。

3.5.3.5 竣工阶段钻井工程造价管理方法

建设单位钻井工程竣工决算主要内容包括决算需求、决算编制方法。建设单位钻井工程造价管控重点主要内容包括工程计量、合同价格调整。

3.5.3.6 后评价阶段钻井工程造价管理方法

建设单位钻井工程造价后评价主要内容包括油气勘探项目钻井工程投资后评价、油气田开发建设项目钻井工程投资后评价、钻井工程计价标准体系建立、钻井工程投资影响因素分析方法。施工单位钻井工程造价后评价主要内容包括钻井工程成本预算执行情况分析、典型井钻井工程成本分析、钻井工程计价标准体系建立、钻井工程成本影响因素分析方法。

3.6 钻井工程全过程提质增效分析方法

钻井工程全过程提质增效分析方法是在现有生产力水平基础上，采用钻井工程工艺知识、钻井工程计价方法知识、钻井工程计价标准知识和钻井工程全过程造价管理方法知识，建立一套满足油气勘探开发项目决策阶段、设计阶段、准备阶段、施工阶段、竣工阶段、后评价阶段的钻井工程提质增效分析方法，提出钻井工程提质增效配套措施和优化决策方案。钻井工程全过程提质增效分析流程如图 3-8 所示。

一是编制现有生产力水平的计价标准并测算钻井工程投资。即编制一套基于现有生产力水平的钻井工程计价标准，内容包括参考指标、估算指标、概算指标、概算定额、预算定额、工程建设其他定额等。并根据油气勘探开发项目钻井工程建设各阶段决策需要，测算出中长期规划、年度计划、可研估算、初设概算、设计预算、招标标底、合同价格、施工结算、竣工决算中的某一项钻井工程投资。

二是进行多因素、多情景、多方案分析。统筹建设单位和施工单位两个主体，围绕技术进步、管理提升、政策调整三条主线，采用典型工程经验、生产水平分析、经济管理理论，调整工程量、综合单价两类参数，系统分析各种因素、各种情景、各种方案下的变化情况。

三是编制实施提质增效措施的计价标准并测算钻井工程投资。综合分析多因素、多情景、多方案情况，在现有生产力水平的计价标准基础上，可以考虑编制 2~5 套实施提质增效措施的计价标准，对应地测算出中长期规划、年度计划、可研估算、初设概算、设计预算、招标标底、合同价格、施工结算、竣工决算中的某一项钻井工程投资。

四是对比分析现有生产力水平和实施提质增效措施的效果。分析实施各种提质增效措施后工程量和综合单价在现有生产力水平基础上的变化情况，进而可以分析标准井钻井工程投资、钻井工程总投资的变化情况。若需要进行经济效益分析，还可以分析油气勘探开发项目内部收益率、投资回收期、净现值等经济指标的变化情况。

五是提出钻井工程提质增效配套措施和优化决策方案。在综合分析上述钻井工程各种提质增效措施和相应的钻井工程投资以及经济效益指标变化情况的基础上，充分结合现实条件和总体预期目标，确定钻井工程提质增效配套措施，提出钻井工程优化决策方案。

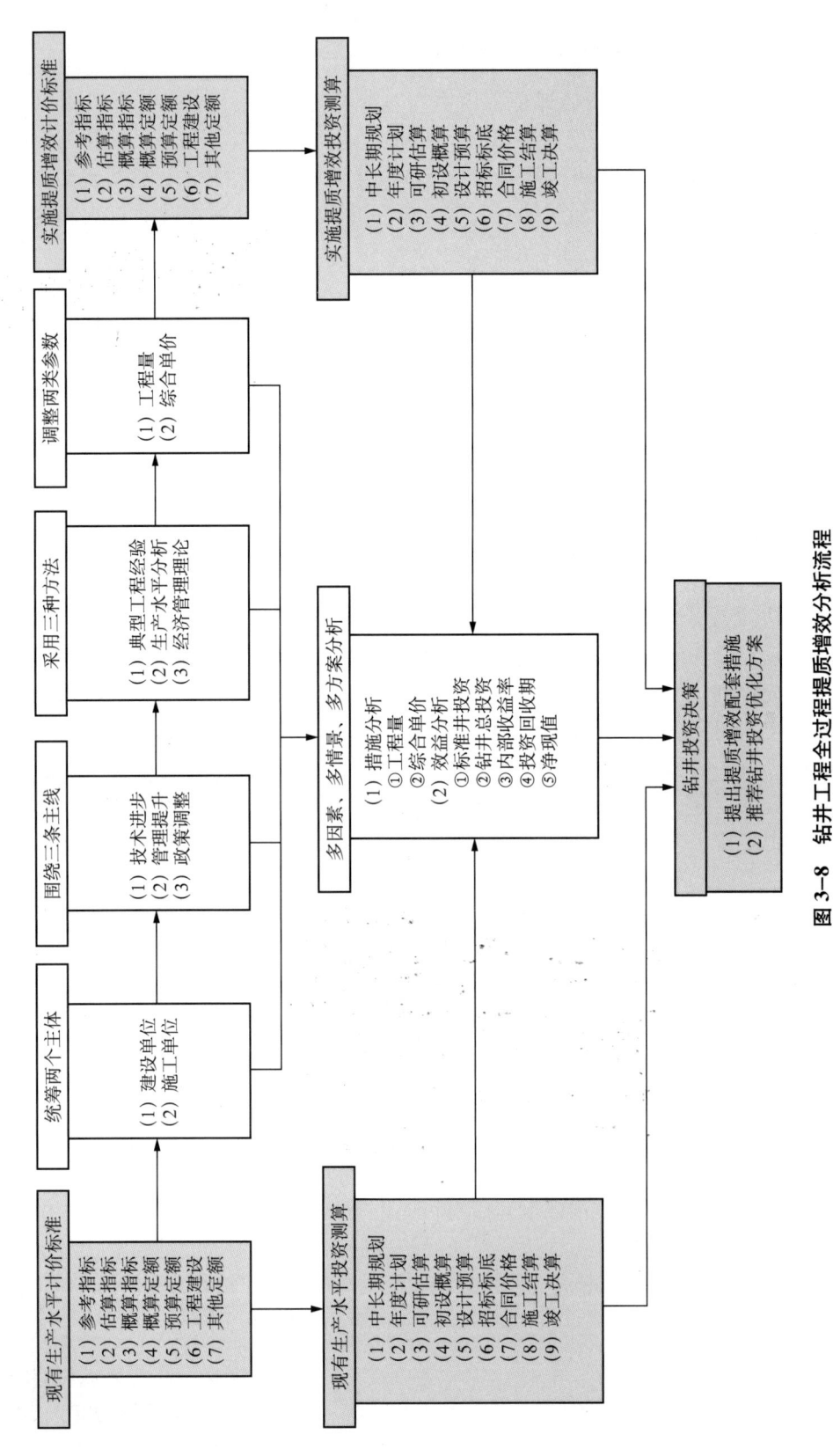

图 3-8 钻井工程全过程提质增效分析流程

4 钻井工程激励措施相容配套方法

4.1 解决激励措施不够相容问题的技术路线

建立配套长效机制，解决激励措施不够相容问题，全面激发人员积极性。钻井工程激励主体涉及众多部门和单位，需要采取长期、中期、短期组合配套激励措施，解决各级管理主体激励措施取向不一致、不规范、不够系统全面、激励效果不佳的问题。首先是建立并实施一套基于产权收益的长期激励措施，其次是建立并实施一套基于综合效益的中期激励措施，最后是建立并实施一套基于工程指标的短期激励措施。

4.2 产权理论分析

马克思认为，生产力决定产权制度，产权只是生产关系的法律用语，而生产关系是由生产力决定的，所以评价一种产权关系先进与否，不是由人们的主观愿望决定，而是由生产力发展状况决定的。产权制度对生产力有促进或阻碍作用，当适合生产力发展要求时，产权才是有效率的，否则就要变革原有的产权形式。劳动者是生产力中最活跃的因素，劳动者的劳动是创造价值的源泉，一种产权制度只有能够调动劳动者的积极性和创造力，这种产权制度才算有效率。资本主义生产力的社会化，必然要求资本主义财产关系的社会化，以此克服盲目竞争对生产力造成的破坏，而生产资料的社会化有多种形式，股份制就是其中的一种。

1991年诺贝尔经济学奖获得者科斯（Ronald H. Coase）被西方经济学家认为是现代产权理论的奠基者和主要代表，其代表作是《企业的性质》和《社会成本问题》。他的产权理论发端于对制度含义的界定，通过对产权的定义，对由此产生的成本及收益的论述，从法律和经济的双重角度阐明了产权理论的基本内涵。没有产权的社会是一个效率绝对低下、资源配置绝对无效的社会。能够保证经济高效率的产权应该具有明确性、专有性、可转让性、可操作性的特征。科斯产权理论的核心是：一切经济交往活动的前提是制度安排，这种制度实质上是一种人们之间行使一定行为的权力。因此，经济分析的首要任务是界定产权，明确规定当事人可以做什么，然后通过权利的交易达到社会总产品的最大化。

新制度经济学的产权理论认为，产权是一个权利束，包括所有权、使用权、收益权、处置权等。产权是一种社会关系，是规定人们相互行为关系的一种规则，并且是社会的基础性规则。产权实质上是一套激励与约束机制，产权安排直接影响资源配置效率，一个社会的经济绩效如何，最终取决于产权安排对个人行为所提供的激励。

从产权理论角度分析，股份制企业的所有权收益分散化，经营风险也随之由众多的股东共同分担；众多的股东都从利益上去关心企业资产的运行状况，从而使企业的重大决策趋于优化，使企业发展能够建立在利益机制的基础上，也可以充分照顾到各方利益需求。

针对油气勘探开发建设项目钻井工程，需要研究建立一套基于产权收益的以贡献率为核心的长效激励机制。

4.3 实施基于产权收益的长期激励措施

将油气开发收益科学合理地分配给影响总体效益的相关主体，形式多种多样，如成立股份有限公司、签订产品分成合同、实施风险作业服务等。比如开发某一个新油气田或油气区，采用成立股份有限公司形式，可以考虑建设单位、施工单位、研究单位、地方政府按70%：20%：5%：5%股份获利，收益期可以分3年、5年、10年、长期等，获利方式可以是直接利润分红、用于相关费用支出等。建设单位负责立项、可研、初设、准备、施工、竣工全过程管理；施工单位负责一体化生产组织、主要设备和材料优化配置；研究单位解决有效储量不够落实、工程技术不够成熟等问题；地方政府解决环评、安评、用地、工农关系、环保达标等问题。

例如，为了有效开发四川盆地页岩气，中国石油页岩气前线协调指挥小组统一规划部署、技术政策、方案审查、外部协调、后续支持和市场销售，各区块共享技术、经验和市场，形成了多支队伍互相竞争、互相提高的良性运行机制，实现了工程投资和管理成本双双下降。2013年成立四川长宁天然气开发有限责任公司，4家合资方和股份比例分别为中国石油天然气股份有限公司55%、四川省能源投资集团公司30%、宜宾市国有资产经营有限公司10%、北京国联能源产业投资基金5%。中国石油2012年与壳牌公司签订"四川盆地富顺—永川区块天然气勘探、开发和生产合同"，2016年与英国石油公司签订"四川盆地内江—大足区块页岩气勘探、开发和生产合同""内江—大足区块、荣昌北区块页岩气产品分成合同"。2014年引入风险作业服务模式，长城钻探工程有限公司和川庆钻探工程有限公司两家钻井工程技术服务企业同时开展风险作业服务，在相同区块同台竞技，同时辅以与产量挂钩、倾向前线人员的业绩激励政策。

需要注意的是，很多股份制企业仅是从投融资角度出发，而没有从产业链上考虑成立股份制企业，最终会因为产业链中某些重要环节出现问题，比如有效油气资源不落实、关键工程技术不能很好应用等，而导致整个油气开发效益明显变差甚至失败。

4.4 实施基于综合效益的中期激励措施

建设单位和施工单位双方基于年度预算定额、标准井工程量清单和年度钻井工程量，在生产效率最大化的前提下，签订鼓励性总承包合同或协议，实施按年度整体效益增加值一定比例奖励的中期激励措施，设置重大发现奖、超产奖、技术进步奖、成本节约奖等。例如，重大发现奖：根据重大发现价值、贡献程度等多个条件设立10～500万元若干奖励等级；超产奖：以标准井产量为基础，按新建产能投产一年后实际产量超出比例10%～50%奖励；技术进步奖：按新工艺、新技术、新产品创造价值的一定比例给予奖励。也可以考虑按照年度、某一个合同期或施工期完成后，采用对于先进的施工队伍额外追加工作量的方式进行奖励。

例如，2010年4月，英国石油公司为作业者，开发伊拉克鲁迈拉油田，对外签订了首批3份价值至少5亿美元的49口井钻井协议。获得3份钻井合同的公司分别是美国威德福国际公司、美国斯伦贝谢公司与伊拉克钻井公司组建的合资公司、中国石油大庆钻探公司。威德福国际公司将钻7口井，斯伦贝谢公司和大庆钻探公司将钻21口井，而其余21口井的钻井合同将授予以上三家中钻井速度最快和钻井效率最高的公司。

4.5 实施基于工程指标的短期激励措施

建设单位和施工单位可以分别建立基于企业定额的内部良性竞争奖励淘汰机制。以油气区标准井工程消耗和当年钻井工作量为基本条件，制定油气区基础定额、消耗定额、费用定额、预算定额、概算定额，按照定额确定考核指标，实施按单井或平台节约成本一定比例即时奖励的短期激励措施。例如，成本节约奖：考虑节约成本的难易程度和相关因素，按节约成本额度的20%～50%给予奖励；综合指标奖：采用平均机速、生产时效、单位进尺成本等关键生产指标综合考核打分，按分值由高到低分档设立不同奖金系数，如2.0、1.8、1.5、1.2、1.0；也可以对施工队伍排队，分值高者优先安排工作量，多打井多发奖金。

例如，挪威国家石油公司2013年7月获得美国鹰滩(Eagle Ford)东部页岩油气的经营权。为了实现现场作业安全、高效，提升主人翁意识，挪威国家石油公司对钻井承包商人员、服务供应商人员以及执行绩效好的分包商人员实施了激励奖金计划，条件是：(1) 无美国职业安全与健康管理局（OSHA）记录的事故；(2) 符合钻井要求的前提下，相比钻井计划进度曲线最少节省24h；(3) 激励奖金额度按照目标进度曲线，每人每24h为一固定金额，在达到最初24h这一最低数额后，激励奖金时间段开始并按比例计算。在2014年所钻的井中，给57%的钻井队伍发放了奖金，奖金总数占节省钻井总成本的16%。由于实施激励措施等一系列降本增效综合配套措施，挪威国家石油公司在Eagle Ford成功钻了100多口井，钻井时间水平节约了52%，钻井成本水平降低了45%。图4-1显示了2013—2015年每年平均钻井时间节约水平，图4-2显示了2013—2015年每年平均钻井成本下降水平，2013年第一季度作为基准线0%。

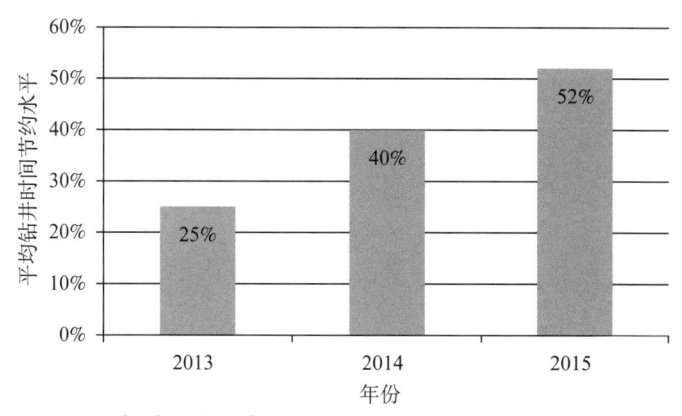

图4-1 挪威国家石油公司2013—2015年在Eagle Ford区块
标准化钻井时间指标节约情况

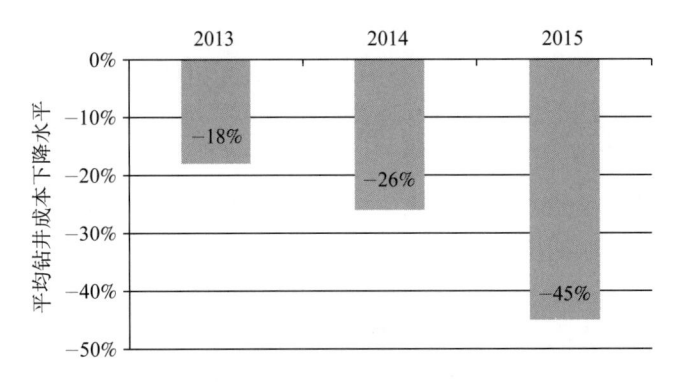

图4-2 挪威国家石油公司2013—2015年在Eagle Ford区块标准化钻井成本指标降低情况

5 钻井工程资源配置合理配套方法

5.1 解决资源配置不够合理问题的技术路线

深化改革治理机制，解决资源配置不够合理问题，实现整体效益最大化。应用均衡价格理论，系统研究钻井市场供求规律，建立市场资源得到优化配置条件下的实现集团公司整体效益最大化的钻井工程均衡价格。应用交易费用理论，基于钻井资产专用性极强的特点，确定钻井工程管理适用于企业制和混合制管理体制，建立钻井工程三边治理结构，落实钻井市场资源优化配置。在钻井工程均衡价格和三边治理结构的管理体制基础上，确定钻井工程管理年度运行机制，创建实现集团公司整体效益最大化的计算方法和模型，为科学决策提供有力支持。从而全面解决分散化钻井管理体制和钻井市场运行缺乏整体协调导致的钻井队伍管理效率低、生产效率低、管理费用高、固定成本分摊过高等问题。

5.2 均衡价格理论应用

5.2.1 均衡价格理论简介

均衡价格理论也称均衡价值理论，由"新古典学派"经济学奠基者——马歇尔1890年在《经济学原理》一书中提出，把供求理论、边际效用理论、生产费用理论融合成一体的价值理论。

均衡价格是一种商品的需求价格与供给价格相一致时的市场价格 P_0，如图5-1所示。需求指消费者在某一特定时期内，在每一价格水平上愿意而且能够购买的商品量；供给指厂商在某一特定时期内，在每一价格水平上愿意而且能够出卖的商品量。在其他条件不变的情况下，需求量随价格的上升而减少，随价格的下降而增加；供给量随价格的上升而增加，随价格的下降而减少。当总需求 Q_0 等于总供给 Q_0 时，市场资源得到优化配置，社会整体效益最大化。

5.2.2 钻井工程均衡价格应用

应用均衡价格理论，实现集团公司整体效益最大化，前提是在现有各油气区钻井生产力水平基础上，充分优化钻井市场资源配置，确定各油气区钻井市场总需求等于总供给时的一套钻井价格：$P_{大庆}$、$P_{辽河}$、$P_{西南}$……，如图5-2所示。

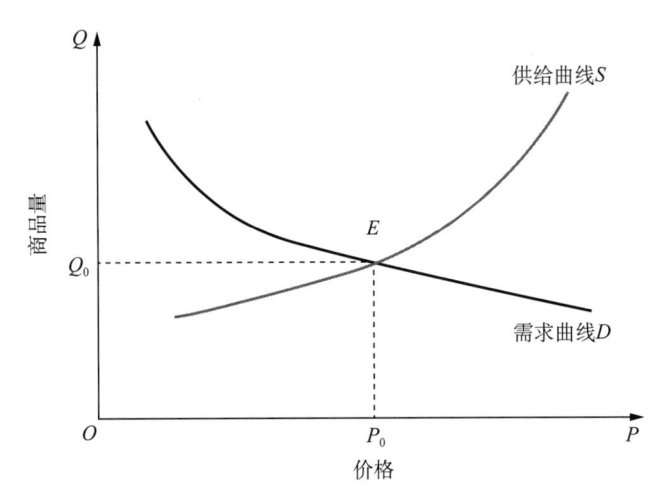

图 5-1 市场供求均衡价格理论模型

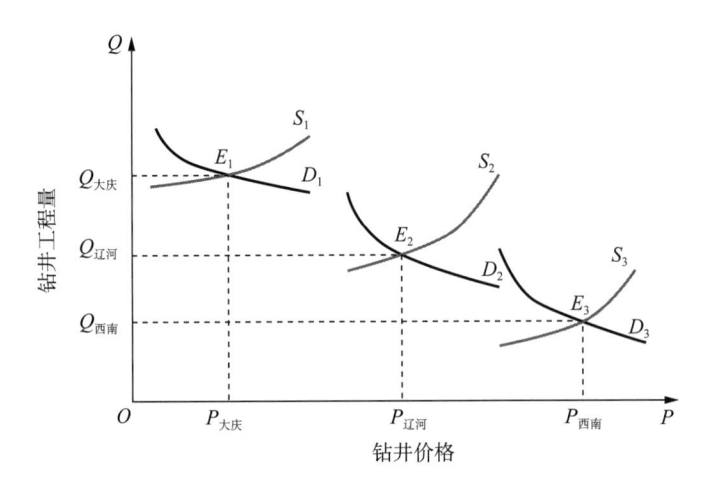

图 5-2 集团公司各油气区钻井市场供求均衡价格理论模型

5.3 交易费用理论应用

5.3.1 交易费用理论简介

新制度经济学核心思想是产权结构和交易费用影响激励和经济行为，因而制度安排对于人的行为和资源配置及经济增长具有至关重要的影响。包括交易费用理论、产权理论、企业理论、制度变迁理论4个基本理论，其6位代表性经济学家获得诺贝尔经济学奖。

交易费用理论指出，交易源自社会分工与合作，生产和交易构成了人类经济活动的全部内容，因此，经济活动的成本包括生产费用和交易费用。交易费用取决于人的行为因素和特定交易因素，特定交易因素包括资产专用性、不确定性和交易频率。资产专用性指某项资产能够被重新配置于其他替代用途或是被他人使用而不损失其生产价值的程度；不确定性指人们对未来会发生什么和会如何变化没有确切的把握,是由于人的信息不完全和有限理性所造成的;交易频率指当事人在一定时期内交易的次数。交易费用取决于资产专用性、不确定性、交易频率3个特定因素共同作用,其中资产专用性对交易费用具有决定性作用。为了便于分析问题,根据资产专用性的程度不同,交易方式可以分为三种类型:低专用性资产交易、中专用性资产交易、高专用性资产交易,而交易费用的高低决定了某类资产交易适合于市场制、混合制、企业制3种治理机制的一种,如图5-3所示。

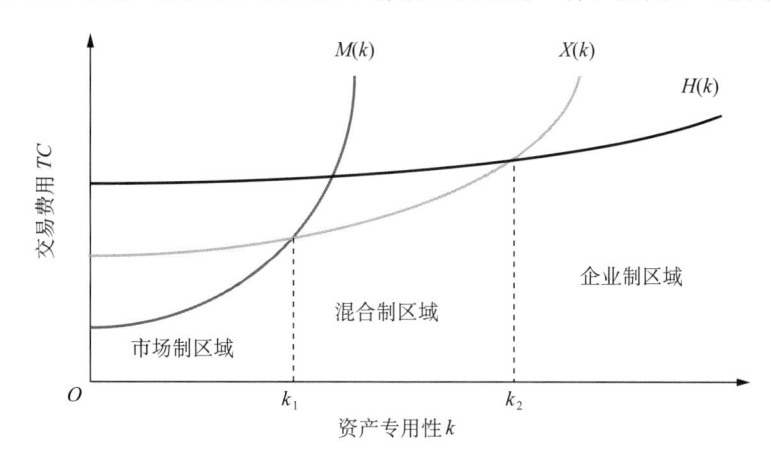

图5-3 基于资产专用性的交易费用函数和治理机制类型

随着资产专用性(k)的增加,市场制、混合制、企业制3种治理机制依次显示其节约交易费用的优势:当$k<k_1$时,市场制治理机制的交易费用最小,此时应选择市场交易;当$k_1<k<k_2$时,市场激励对有依赖关系的交易双方的协调造成阻碍,行政控制可以带来的收益增加,但也面临着管理成本上升的制约,此时混合制是一种行之有效的模式;当$k>k_2$时,行政控制的收益已经开始超过其成本,此时企业制的交易费用最低,从而成为双方交易的选择。交易方式与治理机制的主要特征总结见表5-1。

表5-1 交易方式与治理机制的主要特征

资产专用性	低	中		高	
交易频率	低、高	低	高	低	高
治理机制	市场制	混合制			企业制
契约法	古典契约	新古典契约	关系型契约	新古典契约	关系型契约
激励强度	强	中	中	中	弱
行政控制	弱	中	中	中	强

5.3.1.1 低专用性资产交易

对于低专用性资产交易,也可以视为高度标准化的交易,主要应使用市场制治理机制。无论是偶然交易还是经常交易,尤其是重复交易时,它最为有效。对应的是古典契约模式,主要特征在于当事人身份无关性和契约内容的明晰性。此时不确定性问题不显著，交易双方只需要签订一个简单的标准契约即可保证交易顺利进行。由于产品的标准化，他们可以轻而易举地获得所需产品，而无须保持长期的合作关系。即使长期合作，也无须设立特别的机制或安排。从激励强度角度分析，市场具有高度的激励效果。从行政控制角度分析，市场治理意味着交易双方处于自主地位，对彼此的控制能力很弱。

5.3.1.2　中专用性资产交易

对于中专用性资产交易，也可以视为半专用性资产的交易，主要应使用混合制治理机制。当交易属于数次或是偶然交易时，采用三边治理结构。对应的是新古典契约模式，当事人的身份依然不重要，契约依然要求明晰化。但由于资产专用性的存在，不确定性问题突出出来。为了尽可能地减少资产损失的风险，双方有强烈的意向保持合作关系的长期稳定。然而，由于交易次数太少，建立一种专用性治理结构的成本得不到足够补偿，转而借助第三方来帮助解决争端。从激励强度角度分析，较市场治理结构减弱。从行政控制角度分析，较市场治理结构增强。

当交易频率很高时，采用双边治理结构。对应的是关系型契约模式，主要特征是交易双方处于平等地位。由于交易的非标准化特征，双方需要保持稳定而持久的关系，同时重复交易也能保证其收益足以弥补建立专用性治理结构的成本，激励当事人建立一个专用性机构。但是，由于资产的专用性程度还不足够高，于是形成了一种两难局面：一方面双方愿意维持交易关系，以避免牺牲专用性资产的价值；另一方面双方想发挥市场的激励功能，但一个完全的契约又是难以达成和顺利调整的。这样，双方便会选择附有补充协议的外购契约模式，如制定互购协议或资产抵押等，从而在保持了独立地位的同时又存在着紧密联系。激励强度进一步减弱，行政控制进一步增强。

5.3.1.3　高专用性资产交易

对于高专用性资产交易，也可以称为特质资产的交易，主要应使用混合制或企业制治理机制。当交易属于数次或是偶然交易时，采用三边治理结构，同上面中专用性资产交易一样。

当交易频率很高时，采用一体化治理结构。对应的是关系型契约模式，主要特征是交易双方不再保持独立地位，甚至存在着等级关系。由于资产专用性的程度非常高，双方对市场交易的兴趣索然。双方强烈要求建立更紧密的合作关系，甚至不惜放弃自己的自主地位。这种情况下，垂直一体化将被采用，即由一方来买断另一方，完全控制整个交易并承担全部责任，从而建立一个企业。它的优势在于当事人不再需要商谈和修改契约的所有细节，而是用一种连贯的方式随时根据环境变化加以调整，以实现交易总收益的最大化。这种治理机制激励强度最弱，行政控制最强。

可见3种治理机制各自有其优势和不足，因而不能简单地说哪一种治理机制更好，关键是取决于双方交易的性质，更应关注的是交易方式和治理机制之间的合理匹配问题。市场制和企业制处于两个极端，分别对应了外部交易和内部交易。而三边治理和双边治理则处于中间位置，是一种混合制，在现实世界中存在着大量的混合模式，如长期契约、关联交易、特许经营等。

5.3.2 钻井工程资产专用性分析

资产专用性指某项资产能够被重新配置于其他替代用途或是被他人使用而不损失其生产价值的程度。一项资产的专用性与其生产价值的损失程度成正比，如果该损失程度为零，它就是通用性资产；否则，它就是专用性资产。极端的情况是用于其他用途的价值为零，即属于完全专用性的资产，也称为特质资产，其机会成本为零。

钻井工程属于专用性极高的特质资产，表现为位置专用性、人力资本专用性、实物资产专用性和专项资产专用性。位置专用性就是在一个油气田所钻的一口油气井的地理位置是不可以移动的。人力资本专用性就是从事油气钻井、测井、录井、固井、试油等专业技术职位，需要拥有特殊知识和信息的劳动者才能胜任。实物资产专用性就是石油钻机、固井设备、测井仪器等实物资产，在物理性能上具有专门的适用性，除了规定的一定用途外，别无他用。专项资产专用性就是套管、油管和井下工具等专门为钻井工程所使用。

5.3.3 钻井工程治理机制分析

总体来看，基于资产专用性极强的特点，钻井工程交易费用是很高的，钻井工程治理机制适用于企业制或趋向于企业制的混合制治理机制。

5.4 钻井市场管理体制机制改革

5.4.1 建立新型高效管理体制

以经济机制设计理论的信息利用有效、激励措施相容、资源配置合理3项标准为指导，根据交易费用理论、均衡价格理论分析结果，结合目前中国石油钻井工程管理客观条件，建立基于交易管理委员会、油田公司、钻探公司三边治理结构，形成油气区建设单位与事业部为核心的新型钻井工程高效管理体制，如图5-4所示。

钻井市场需求主体包括勘探与生产分公司、油田公司、建设单位（采油厂、采气厂等），供给主体包括工程技术分公司、钻探公司、事业部和专业技术部，新设立的交易管理委员会在集团公司层面协调需求主体和供给主体关系。主要是进行供给侧结构性改革，将多级细分专业的分散化的钻井公司、固井公司等专业公司改革为油气区事业部和专业技术部。

5.4.2 科学划分油气区钻井市场

按照资源配置最优化原则科学划分油气区钻井市场。油气区的形成是由地下油气蕴藏的自然条件所决定的。油气勘探开发必须根据该油气区地下地面条件组织钻井和地面生产设施建设。通常按方圆300～500km油气区组织钻井生产科学高效，可以形成一个相对独立的钻井市场。油气区钻井市场划分示例见表5-2。

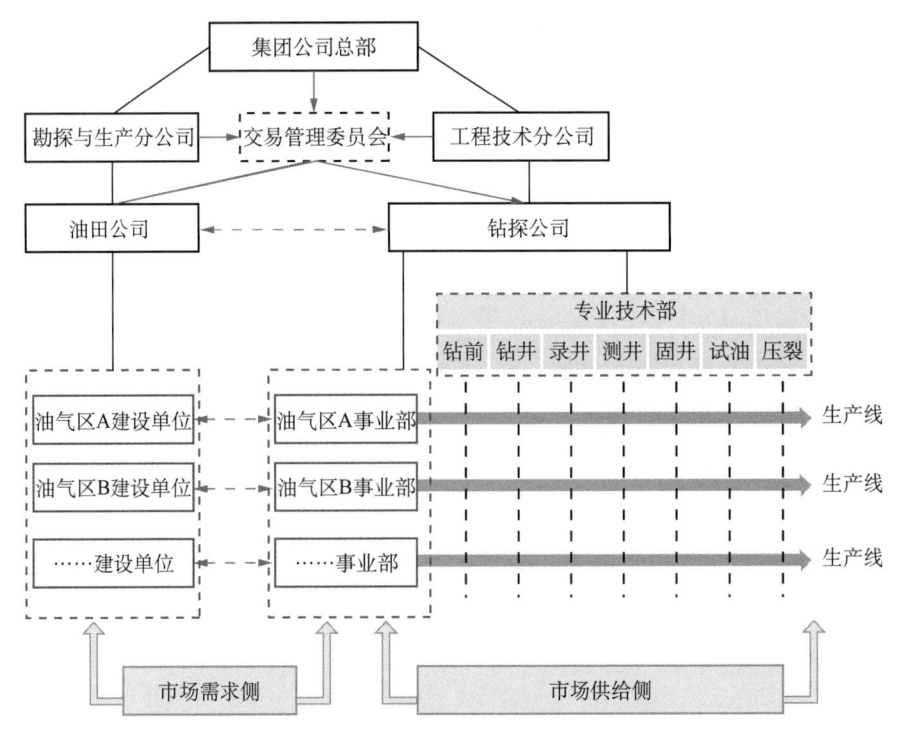

图 5-4 新型高效钻井管理体制基本结构

表 5-2 油气区钻井市场划分示例

序号	油田公司	建设单位举例	钻井市场	钻探公司
1	大庆	采油一厂	大庆油气区	大庆
2		海拉尔石油勘探开发指挥部	海拉尔油气区	
3	吉林	扶余采油厂	吉林油气区	
4	辽河	兴隆台采油厂	辽河油气区	
5	华北	第一采油厂	冀中油气区	渤海
6		二连分公司	二连油气区	
7	大港	第一采油厂	大港油气区	
8	冀东	南堡作业区		
9	长庆	第一采气厂	苏里格油气区	
10		第二采油厂	陇东油气区	
11		第四采油厂	陕北油气区	川庆
12	西南	川中油气矿	四川油气区	
13		重庆气矿	重庆油气区	

5.4.3 钻井市场综合协调管理

建立交易管理委员会、油田公司、钻探公司的三边治理结构，交易管理委员会定交易

规则、定交易价格、定考核指标。针对目前钻井业务管理中存在的主要问题,交易管理委员会可以发挥以下几个方面的重要作用:

(1) 建立集团公司钻井工程管理平台,最大限度实现钻井工程信息对称性和完全性,避免重大决策失误和巨大钻井资源浪费。

(2) 制定集团公司钻井业务发展战略,优化配置各种钻井资源,最大限度提高劳动生产率,减少交易矛盾和问题,实现集团公司钻井业务平稳健康发展和总体效益最大化。

(3) 建立科学合理的权、责、利分配制度,最大限度实现钻井管理主体激励相容,避免出现逆向选择和道德风险问题。

油田公司与钻探公司、油气区建设单位与事业部以协同工作为前提,鼓励为手段,不断改进作业指标为关键,互利双赢为目的,建立战略联盟、关联交易、股份制等治理机制。

5.4.4 钻井市场需求侧管理

勘探与生产分公司、油田公司、油气区建设单位采用油公司管理模式,按照油气勘探开发建设项目决策、设计、准备、施工、竣工各阶段提出钻井需求并实施管理,基本上按目前管理体制机制运行。重点需要加强年度钻井工程量安排和生产组织均衡管理、签订鼓励性计价合同管理两个方面。

5.4.4.1 加强年度钻井生产组织均衡管理

钻井工程通常需要具有高专业技能人员和大型设备仪器的 20～30 支施工队伍共同作业完成,每年需要分摊的人工费、设备费、管理费等固定性费用非常高,年工作时间对于钻井工程造价影响非常大。例如,按照直接费、间接费、利润的钻井日费综合单价编制方法,某钻探公司编制 ZJ50 钻机和 ZJ40 钻机年工作时间 100d、150d、200d、250d、300d 的钻井成本日费定额,示例见表 5-3,变化趋势如图 5-5 所示。

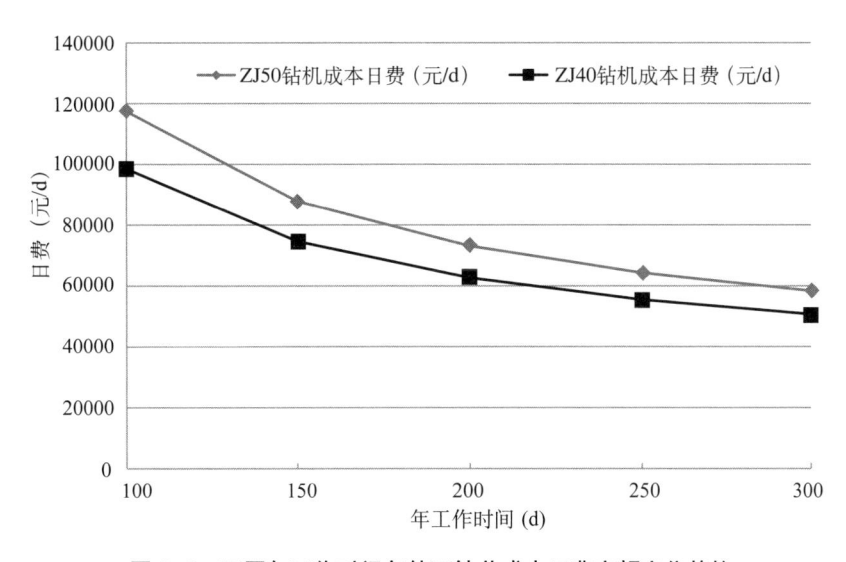

图 5-5 不同年工作时间条件下钻井成本日费定额变化趋势

表 5-3 不同年工作时间条件下钻井成本日费定额

序号	项目	计量单位	YSDE2019-001 ZJ50钻机 100d	YSDE2019-002 ZJ40钻机 100d	YSDE2019-003 ZJ50钻机 150d	YSDE2019-004 ZJ40钻机 150d	YSDE2019-005 ZJ50钻机 200d	YSDE2019-006 ZJ40钻机 200d	YSDE2019-007 ZJ50钻机 250d	YSDE2019-008 ZJ40钻机 250d	YSDE2019-009 ZJ50钻机 300d	YSDE2019-010 ZJ40钻机 300d
	综合单价	元/d	117390.95	98563.82	87888.78	74649.64	73137.70	62692.55	64287.05	55518.29	58386.61	50735.46
1	直接费	元/d	101760.53	92012.53	76186.53	69687.86	63399.53	58525.53	55727.33	51828.13	50612.53	47363.20
1.1	人工费	元/d	46440.00	38880.00	30960.00	25920.00	23220.00	19440.00	18576.00	15552.00	15480.00	12960.00
1.2	设备费	元/d	30282.00	28094.00	20188.00	18729.33	15141.00	14047.00	12112.80	11237.60	10094.00	9364.67
1.2.1	折旧	元/d	20188.00	18000.00	13458.67	12000.00	10094.00	9000.00	8075.20	7200.00	6729.33	6000.00
1.2.2	修理费	元/d	10094.00	10094.00	6729.33	6729.33	5047.00	5047.00	4037.60	4037.60	3364.67	3364.67
1.3	材料费	元/d	22149.89	22149.89	22149.89	22149.89	22149.89	22149.89	22149.89	22149.89	22149.89	22149.89
1.3.1	柴油费	元/d	15990.00	15990.00	15990.00	15990.00	15990.00	15990.00	15990.00	15990.00	15990.00	15990.00
1.3.2	机油费 0号	元/d	2169.00	2169.00	2169.00	2169.00	2169.00	2169.00	2169.00	2169.00	2169.00	2169.00
1.3.3	生活水费	元/d	49.90	49.90	49.90	49.90	49.90	49.90	49.90	49.90	49.90	49.90
1.3.4	其他材料费	元/d	3940.99	3940.99	3940.99	3940.99	3940.99	3940.99	3940.99	3940.99	3940.99	3940.99
1.4	其他直接费	元/d	2888.64	2888.64	2888.64	2888.64	2888.64	2888.64	2888.64	2888.64	2888.64	2888.64
2	间接费	元/d	12211.26	3680.50	9142.38	2787.51	7607.94	2341.02	6687.28	2073.13	6073.50	1894.53
2.1	企业管理费	元/d	10176.05	1840.25	7618.65	1393.76	6339.95	1170.51	5572.73	1036.56	5061.25	947.26
2.2	工程风险费	元/d	2035.21	1840.25	1523.73	1393.76	1267.99	1170.51	1114.55	1036.56	1012.25	947.26
3	利润	元/d	3419.15	2870.79	2559.87	2174.26	2130.22	1826.00	1872.44	1617.04	1700.58	1477.73

对于采用 ZJ50 钻机的钻井队,打 1 口 4500m 井深、100d 钻井周期的井,如果该钻井队年工作时间 100d,就打 1 口井,则对应的单井钻井工程造价为 1173.91 万元;如果该钻井队年工作时间 300d,打 3 口 4500m 井深、100d 钻井周期的井,则平均对应的单井钻井工程造价为 583.87 万元。两种情况下单井钻井工程造价相差 590.04 万元,超过 50%。若再考虑固井队、测井队、录井队、试油队、压裂队等整条生产线各施工队伍造价变化,差距会更大。

可见,年度钻井工程量安排均衡与否,施工队伍年工作时间长短,对钻井工程造价影响非常大。因此,特别需要建设单位加强年度钻井工程量安排和生产组织管理,大幅提高钻井生产效率,显著降低钻井工程投资。

5.4.4.2 加强签订鼓励性计价合同管理

从 20 世纪 90 年代开始,国际上越来越多地采用鼓励性计价合同模式,以促进作业效率的提高和钻井投资的降低。鼓励性计价模式主要有鼓励性日费计价、鼓励性风险分担计价、鼓励性总包计价等 3 种类型。目前应该特别加强鼓励性日费计价和鼓励性总包计价合同管理。

(1) 鼓励性日费计价方法。

鼓励性日费计价方法是在传统日费计价方法的基础上,增加一些鼓励性措施和相应条款,以激励施工单位的积极性,改善作业指标;建设单位则因作业指标改善而降低投资,提前发现或生产油气。合同双方根据以往的作业经验和邻井资料,并结合钻井设计,共同制定考核指标。在实施过程中,若实际作业指标优于设计考核指标,施工单位除按日费率获得报酬外,还将按事先确定的方法获得奖金,归纳起来主要有 6 种方法。根据实际情况,6 种方法可单独使用,也可配套使用。

一是根据钻时确定。施工单位奖金=(目标钻时-实际钻时)×奖金系数。

二是根据钻井液造价确定。建设单位和施工单位事先商定好目标钻井液造价、节约或超支的分摊比例,施工单位奖金=(目标钻井液造价-实际钻井液造价)×分摊比例。

三是根据钻头造价确定。参照邻井数据计算平均钻头造价,钻头造价节约部分全归施工单位。

四是根据单位进尺造价确定。根据以往作业经验和资料,建设单位和施工单位设定的单位进尺造价目标,不包括套管、水泥、测井以及井口等费用。若单位进尺造价低于目标值,则施工单位按设定的计算方法获得奖金。

五是根据综合钻井周期确定。在合同中采用设计钻井周期乘以正常日费综合单价确定一口井固定的总造价,同时规定了一个钻井周期上限,通常是设计钻井周期的 1.1~1.2 倍。分 3 种情况计价:①实际钻井周期少于设计钻井周期,建设单位除按正常日费综合单价和实际钻井周期向施工单位支付报酬外,再按提前完成天数的 50% 和日费综合单价支付给施工单位;②实际钻井周期在设计钻井周期及其上限之内,建设单位将按固定的总造价支付给施工单位;③实际钻井周期超出设计钻井周期上限,建设单位除支付给施工单位固定的总造价外,超出上限的天数按正常日费综合单价支付。在后两种情况下,施工单位的实际收入低于按正常的日费综合单价计算的收入。

六是建立浮动钻井日费定额标准。对于同一个企业内部队伍或关联交易施工单位,通过钻井日费定额奖励系数,鼓励施工队伍尽可能保持更多的年有效工作时间,从而降低总体钻井工程造价。以表5–3中的钻井成本日费定额为例,如果以年工作时间200d为基准,奖励系数1.00,执行成本日费定额;对于年工作时间低于200d,按不同系数减少执行日费定额;对于年工作时间高于200d,按不同系数增加执行日费定额。不同年工作时间条件下钻井执行日费定额示例见表5–4。

表5–4 不同年工作时间条件下钻井执行日费定额

年工作时间（d）	ZJ50钻机成本日费（元/d）	ZJ40钻机成本日费（元/d）	奖励系数	ZJ50钻机执行日费（元/d）	ZJ40钻机执行日费（元/d）
100以下	117391	98564	0.95	111521	93636
100～150	87889	74650	0.97	85252	72410
150～200	73138	62693	1.00	73138	62693
200～250	64287	55518	1.03	66216	57184
250～300	58387	50735	1.05	61306	53272
300以上	58387	50735	1.10	64225	55809

（2）鼓励性综合总包计价方法。

鼓励性综合总包计价指施工单位交付一口合格的完成井,采用一次性支付总造价,并根据作业指标予以奖励的一种计价模式。这种方式又可以分为两种方法。

一是发放奖金。奖金数额依据3个指标计算：总钻井时间（包括为钻达目的井深所需的所有作业）、钻井液造价和钻头造价。若提前完成,则节省时间内所有与时间相关造价的50%作为奖金;钻井液造价和钻头造价的节省或超支,则由建设单位和施工单位各分享或分担一半。全部奖金由参与项目的所有施工单位共享。施工单位行使管理权,建设单位监督、检验作业质量是否满足规范要求。

二是追加工作量。根据前一个阶段或者前一批井的钻井作业指标优良程度,在后续各批钻井作业中,对于钻井速度最快和钻井效率最高的施工单位直接追加一定的钻井工程量。

5.4.5 钻井市场供给侧管理

钻探公司是工程技术分公司下属的一个区域性地区公司,下面包含一个到数个油气区。管理模式为油气区事业部的一体化组织生产和技术支持部的专业化技术管理,二者形成扁平化的矩阵式治理结构。可概括为生产组织一体化、技术管理专业化;计价标准体系化、定价过程动态化;劳动薪酬差异化、竞争淘汰有序化;生产效率最大化、综合成本最小化。

油气区事业部作为钻井直接生产组织单位和成本中心,实行独立核算和考核。全权负责本油气区的整个钻井生产组织,建立一个生产组织指挥系统、一个生产基地,形成完整的一条钻井生产线和业务链,管理本油气区内的所有钻井施工队伍。油气区事业部管控钻井的重点是质量、安全和工期，核心是钻井施工成本，管控和考核的主要经济指标应该是综合单位钻井成本、钻井劳动生产率（如设备动用率、人员出工率、质量合格率等）。

专业技术部负责钻探公司专业技术管理，包括专业人员、专属设备和工具、专项技术等，从专业技术服务角度对各个油气区事业部生产中存在的问题给予技术支持。专业技术部按照定员、费用定额等实行费用包干管理，管控和考核的主要指标是支持保障率、包干费用使用率。

油气区事业部和专业技术部实行动态平衡管理。钻探公司对各油气区事业部和专业技术部进行业务分工，建立基于企业定额的内部良性竞争淘汰机制。以油气区标准井工程消耗和当年钻井工作量为基本条件，制定油气区预算定额、概算定额、概算指标，按照定额确定考核指标，按照定额由各专业技术部对油气区事业部配套最合适数量的施工队伍和设备。专业技术部的人员、设备按油气区事业部的人员和设备的一定比例配备，比如30%，实施定额管理，下达一定的业务经费和人员费用，多余人员和设备通过考核淘汰。

5.5 钻井工程管理年度运行机制

5.5.1 钻井工程管理年度运行主要环节

在上述新型钻井工程管理体制下，采用标准井管理方法，建立"建设单位先优化后实施、施工单位先算账后开工"新型钻井工程年度运行机制。主要体现在以下8个环节。

5.5.1.1 初步确定年度钻井总需求

油田公司计划部门采用上年度各个区块标准井概算指标，按单位可采储量、单位产量或单位产值的钻井投资高低进行效益排队，优化安排产能建设和年度投资计划，提出钻井工程量总体需求。

例如，某建设单位10个区块年度钻井建议计划相关参数见表5-5。按各区块单位产量钻井投资由小到大的排序结果见表5-6。3套推荐方案见表5-7，变化趋势如图5-6所示。根据当年投资总规模和产量任务指标选择合适推荐方案，保证在现有条件下单位产量钻井投资额度最小化，钻井投资计划安排最优化。

表5-5 某建设单位10个区块年度钻井计划相关参数

序号	区块	井数（口）	平均井深（m）	进尺（m）	概算指标（元/m）	钻井投资（万元）	平均单井产量（t/d）	年产量（t）
合计		267		732285		313877.36		427502.60
1	A	8	2560	20480	2233	4573.18	3.52	10278.40
2	B	10	1765	17650	2561	4520.17	2.88	10512.00
3	C	6	4256	25536	5245	13393.63	6.53	14300.70
4	D	30	1584	47520	2235	10620.72	1.99	21790.50

续表

序号	区块	井数(口)	平均井深(m)	进尺(m)	概算指标(元/m)	钻井投资(万元)	平均单井产量(t/d)	年产量(t)
5	E	18	2795	50310	3646	18343.03	4.23	27791.10
6	F	12	3655	43860	5678	24903.71	10.66	46690.80
7	G	3	5126	15378	7719	11870.28	23.11	25305.45
8	H	52	4513	234676	5321	124871.10	5.16	97936.80
9	I	123	2115	260145	3568	92819.74	3.58	160724.10
10	J	5	3346	16730	4759	7961.81	6.67	12172.75

表 5-6　10 个区块单位产量钻井投资排序情况

区块	井数(口)	投资(万元)	年产量(t)	单位产量钻井投资(元/t)	累计钻井投资(万元)	累计产量(t)	累计单位产量钻井投资(元/t)
B	10	4520.17	10512.00	4300.00	4520.17	10512.00	4300.00
A	8	4573.18	10278.40	4449.32	9093.35	20790.40	4373.82
G	3	11870.28	25305.45	4690.80	20963.63	46095.85	4547.83
D	30	10620.72	21790.50	4874.01	31584.35	67886.35	4652.53
F	12	24903.71	46690.80	5333.75	56488.06	114577.15	4930.13
I	123	92819.74	160724.10	5775.10	149307.79	275301.25	5423.43
J	5	7961.81	12172.75	6540.68	157269.60	287474.00	5470.74
E	18	18343.03	27791.10	6600.32	175612.62	315265.10	5570.32
C	6	13393.63	14300.70	9365.72	189006.26	329565.80	5735.01
H	52	124871.10	97936.80	12750.17	313877.36	427502.60	7342.12

表 5-7　年度计划 3 套推荐方案

方案	区块	井数(口)	进尺(m)	钻井总投资(万元)	总产量(t)	单位产量钻井投资(元/t)
方案一	B、A、G、D	51	101028	31584.35	67886.35	4652.53
方案二	B、A、G、D、F、I、J	191	421763	157269.60	287474.00	5470.74
方案三	B、A、G、D、F、I、J、E、C、H	267	732285	313877.36	427502.60	7342.12

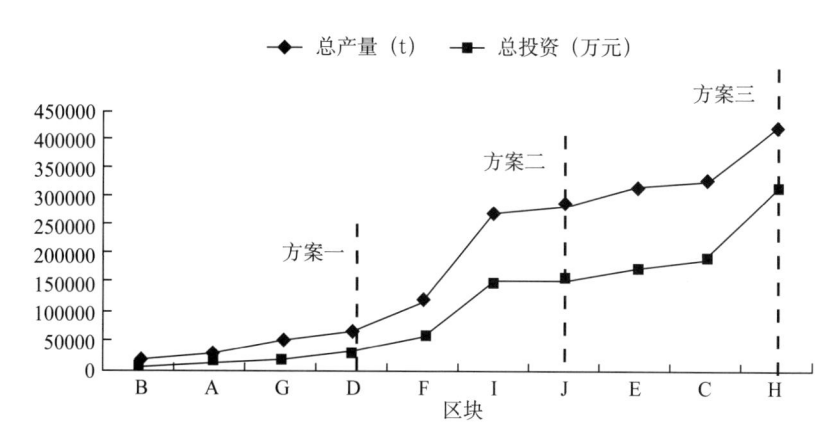

图 5-6　10 个区块钻井总投资、总产量变化趋势情况

5.5.1.2　优化设计标准井工程量消耗

工程管理部门和设计单位采用标准井工程量清单，对井型、井身结构、完井方式和套管、钻头等大宗材料以及测井、录井、固井、试油等专业项目等进行系统全面优化，建立新的各区块标准井工程量消耗参数。

5.5.1.3　优化施工队伍资源配置

油气区事业部根据年度工程量总体需求和优化后的各区块标准井参数，按照整个油气区年度综合钻井成本最小化原则，确定各种施工队伍数量和生产运行计划。示例见图 5-7，在钻井工程量确定的条件下，合理配置队伍，盈亏平衡点由 A 点转化为 B 点，钻井工程价格由 P_A 降低到 P_B。

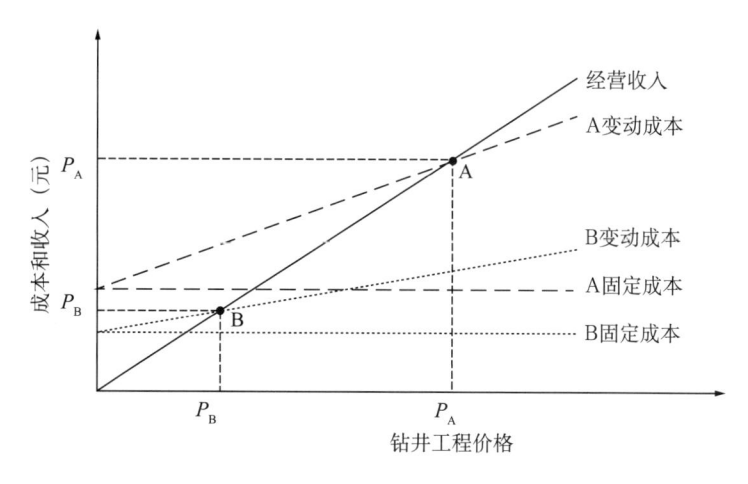

图 5-7　钻井施工队伍优化对钻井工程价格影响分析

5.5.1.4 优化确定钻井工程计价标准

造价管理部门根据标准井参数和年度钻井生产运行计划,编制出科学合理的年度钻井工程预算定额,进而确定各区块基于标准井的概算指标。

5.5.1.5 优化制订总体钻井生产部署

油田公司计划部门根据优化后的钻井生产运行计划和概算指标,进一步优化年度投资计划和总体钻井工程量需求与部署。

5.5.1.6 签订年度总承包合同或协议

在交易管理委员会协调下,甲乙双方基于年度新编概算指标和工程量,签订总承包合同或协议,并制订激励措施。例如,重大发现奖:根据油气重大发现价值、贡献程度等多个前提条件设立10万元、20万元、50万元、100万元、200万元、500万元等奖励级别;超产奖:以标准井产量为基础,按新建产能投产半年或一年后实际产量超出比例10%、20%、30%、40%、50%等设立相应的奖励;技术进步奖:按新工艺、新技术、新产品创造价值的一定比例给予奖励;成本节约奖:以概算指标为基础,考虑节约成本的难易程度和甲乙方作用,按节约成本额度的20%~50%给予奖励。

5.5.1.7 优化实施年度钻井生产计划

油气区事业部按质量、工期、成本等关键业绩指标和年度钻井运行计划,制订优选队伍规则,以概算指标和当年钻井工作量为基本条件,建立基于企业定额的良性竞争淘汰机制。隶属于专业技术部的施工队伍实行竞争上岗,优进劣出,按油气区总体成本最小化原则实施钻井生产运行计划。

人员管理:以年度综合单位成本为主要指标,参考劳动生产率等其他指标,由低到高对本油气区内所有施工队伍按专业进行排队,实行差异化的薪酬奖励分配制度。

设备管理:根据工作量优选设备类型和数量,富余设备转移到专业技术部管理,统一组织维护保养和调配。缺少的设备由专业技术部负责调剂配齐。

材料管理:油气区事业部提出材料计划,大宗材料由相关专业技术部或供应单位组织,通过规定渠道供货;零星材料就地采购或通过中标供应商直接供货。

技术管理:油气区事业部根据本油气区实际生产情况,提出本油气区技术攻关方向和难题,专业技术部负责组织技术攻关、现场试验和推广应用。

5.5.1.8 强化全过程钻井工程监督管理

油田公司和建设单位要优化钻井、地质、测井、试油等专业的初级监督、中级监督和高级监督人员配置,采取驻井监督、巡井监督等工作方式,强化钻井工程项目设计阶段、准备阶段、施工阶段、竣工阶段的全过程钻井工程监督管理。例如,设计阶段要求钻井工程监督人员参与钻井地质设计、钻井工程设计、钻井工程预算,根据相关技术标准规范和现场经验，提出设计中存在的质量控制、安全措施等方面不足和改进措施，审核审批钻井施工设计；准备阶段要求钻井工程监督人员认真负责施工队伍招标、施工现场踏勘、大宗材料准备检查、开钻前验收；施工阶段要求钻井工程监督人员全面实施一开井段、二开井段、三开井段、下套管固井、打开油气层、完井交井等工艺过程管理和施工生产组织管理以及安全生产管理；竣工阶段要求钻井工程监督人员认真做好工程质量验收、工程资料验收、工程计量和结算以及索赔管理。

5.5.2 钻井工程管理效益最大化实现方法

对于钻井工程管理而言，实现集团公司整体效益最大化这个总目标，就是保证集团公司油气生产价值链效益的最优化，就是要使集团公司钻井市场资源配置达到总需求和总供给均衡。图5-8给出了钻井工程管理实现集团公司整体效益最大化示例。

例如，本年度计划油气当量产量2×10^8t、产值6000亿元，前提是需要新建油气产能2600×10^4t。根据历史数据，钻井市场需求侧的甲方测算需要新钻井14000口、进尺3080×10^4m，扣除甲方供应材料费和建设单位管理费等相关费用后，钻井价格3350元/m，需要工程费1032亿元。在现有钻井生产力水平条件下，钻井市场供给侧的乙方现有生产能力为钻井16000口、进尺3520×10^4m、钻井价格3200元/m、工程费1126亿元，综合成本最低。

通过集团公司钻井市场需求侧和供给侧共同优化钻井资源配置，建设单位优化钻井工程量和专业措施工作量，施工单位优化钻井队伍布局和材料消耗，仅需要钻井13500口、进尺2970×10^4m、工程费950亿元，就可以建设新增油气产能2600×10^4t，实现年油气当量产量2×10^8t。这样，通过在专业分公司、地区公司、建设单位和施工单位之间优化配置钻井资源，钻井市场总需求等于总供给，就可以实现集团公司整体效益最大化。这时的钻井价格3200元/m，就是科学合理的市场价格。

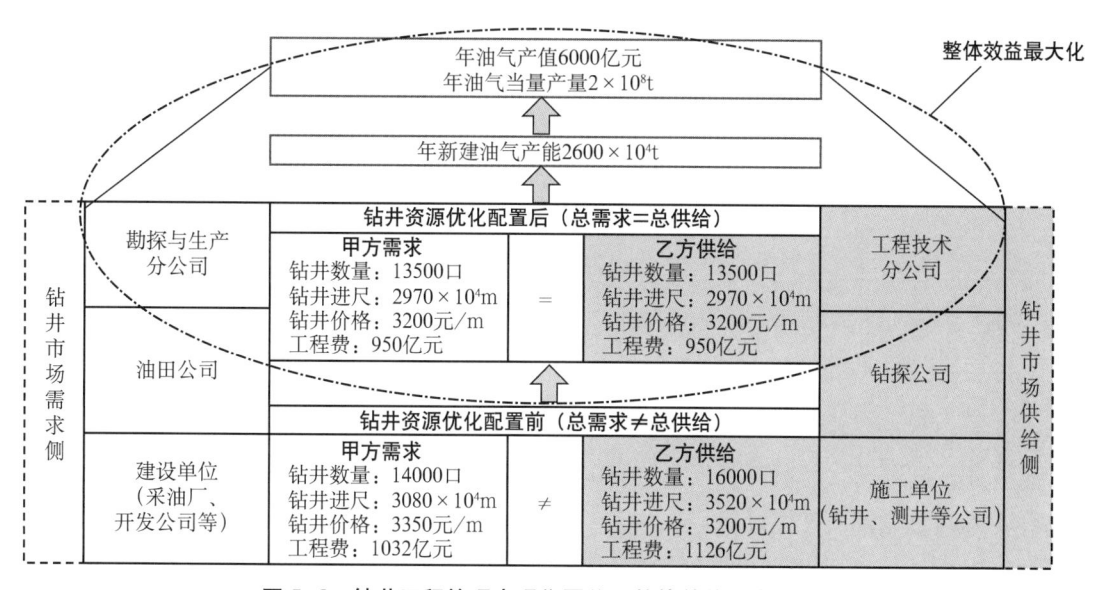

图5-8 钻井工程管理实现集团公司整体效益最大化示例

5.5.3 钻井工程管理效益最大化计算方法

5.5.3.1 年度钻井工程成本计算

施工单位和集团公司年度钻井工程成本计算方法如下：

$$C_i = \sum (W_i \times P_{di}) \tag{5-1}$$

$$C = \sum C_i \tag{5-2}$$

式中　C_i——施工单位年度钻井工程成本，万元；
　　　W_i——基于标准井的各油气区块年度新增钻井工程量，口；
　　　P_{di}——基于标准井的各油气区块单井钻井工程成本，万元/口；
　　　C——集团公司年度钻井工程成本，万元。

5.5.3.2 年度钻井工程投资计算

建设单位和集团公司年度钻井工程投资计算方法如下：

$$I_i = \sum (W_i \times P_{ii}) = \sum [W_i \times (P_{di} + \delta)] \tag{5-3}$$

$$I = \sum I_i \tag{5-4}$$

式中　I_i——建设单位年度钻井工程投资，万元；
　　　W_i——基于标准井的各油气区块年度新增钻井工程量，口；
　　　P_{ii}——基于标准井的各油气区块单井钻井工程投资，万元/口；
　　　P_{di}——基于标准井的各油气区块单井钻井工程成本，万元/口；
　　　δ——基于标准井的甲方供应材料费和建设单位管理费等相关费用，万元/口；
　　　I——集团公司年度钻井工程投资，万元。

5.5.3.3 年度新增油气产量计算

建设单位和集团公司年度新增油气产量计算方法如下：

$$Q_i = \sum (W_i \times q_i) \tag{5-5}$$

$$Q = \sum Q_i \tag{5-6}$$

式中　Q_i——建设单位年度新增油气产量，t；
　　　W_i——基于标准井的各油气区块年度新增钻井工程量，口；
　　　q_i——基于标准井的平均单井油气产量，t；
　　　Q——集团公司年度新增油气产量，t。

5.5.3.4 年度新增油气产值计算

建设单位和集团公司年度新增油气产值计算方法如下：

$$V_i = \sum (Q_i \times P_{0i}) \div 10000 \tag{5-7}$$

$$V = \sum V_i \tag{5-8}$$

式中　V_i——建设单位年度新增油气产值，万元；
　　　Q_i——建设单位年度新增油气产量，t；
　　　P_{0i}——各油气区块建设单位油气价格，元/t；
　　　V——集团公司年度新增油气产值，万元。

6 钻井工程提质增效案例

6.1 苏里格气田开发钻井提质增效案例

6.1.1 案例背景

截至 2013 年底，苏里格气田经过 8 年产能建设，动用储量 5100 多亿立方米，累计钻井 7000 多口，建成年产 210 多亿立方米天然气生产能力。

苏里格气田开发大体分为三个阶段：

第 1 阶段（2000—2004 年）：解决认识问题。开展大量前期开发评价工作，认识到苏里格气田是低渗、低压、低丰度的大面积"三低"气田，采用常规方式开发，投资大、效益差，难以有效开发。开发目标从追求单井高产调整为追求整体有效开发，以单井 $1\times10^4\text{m}^3/\text{d}$，稳产 3 年为目标。

第 2 阶段（2005—2008 年）：创新开发模式。2005 年初中国石油天然气集团公司做出发挥中国石油整体优势、加快苏里格气田开发步伐的重大决策。尝试一种全新的战略联盟："5+1"合作开发新模式。辽河石油勘探局、长庆石油勘探局、四川石油管理局、华北石油管理局、大港石油管理局等 5 家施工单位为乙方，实施区块总承包，负责钻井、采气的全部施工，并且建设和管理井、站、集气支线；长庆油田公司 1 家建设单位为甲方；甲乙方合作时间可长达 30 年。由此催生了"六统一、三共享、一集中"的新型管理机制，即统一规划部署、统一组织机构、统一对外协调、统一技术政策、统一生产调度、统一后勤支持；资源共享、技术共享、信息共享；集中协调管理。管理机制创新极大地调动了施工单位积极性和创造性，集成创新了有针对性的 3 大类 12 项开发配套技术。其中，以高精度二维地震为核心的井位优选、以 PDC 钻头为代表的快速钻井、以直井多层压裂为主的储层改造、以井下节流为关键的地面优化等 6 项关键技术的应用，使（Ⅰ+Ⅱ）类开发井比例达到 80%，单井钻井成本由 1200 万元降低到 800 万元，实现了气田规模有效开发。任何事物的发生和发展都有其内在因素，苏里格气田之所以能大幅度降低开发成本，管理创新就是这种内在的控制因素。

第 3 阶段（2009—2013 年）：持续技术创新。开发井型由直井、丛式井转变为水平井；储层改造由直井多层到水平井多段、段内多缝、体积压裂；生产管理由人工巡护到数字化、智能化管理；丛式水平井开发技术、储层改造技术和数字化管理技术的突破应用，使气田开发水平大幅提高。

6.1.2 提质增效分析

从 2000 年 8 月苏里格气田诞生到 2005 年底，83 口气井在长达 5 年多的时间内，采出了大约 $3 \times 10^8 m^3$ 天然气，只相当于塔里木盆地克拉 2 气田一口气井一个多月的产量。用常规开采方法，苏里格气田不可能有经济效益。如果气井的产量很高，成本高一点也许不算什么，可苏里格气田单井产量低是不以人的意志为转移的客观现实，要想在开发中得到效益，降低成本成了唯一的选择。

苏里格气田降低成本首先从 PDC 钻头快速钻井技术开始。钻井周期是决定钻井总成本的主要参数之一，钻井周期越长，费用就越高。面对这一问题，中国石油天然气集团公司整体优势得到发挥，长庆油田公司与工程技术服务企业密切配合，大力开展技术创新，形成以 PDC 钻头为核心、涵盖井身结构、钻井液体系等内容的快速钻井技术。苏里格气田钻井周期由平均 45d 降低到 15d，缩短了 2/3。按钻井日费 5 万元左右计算，钻井周期缩短 30d，单井直接节约成本就达 150 万元。

由于天然气开发往往要面对高压、含硫等带来的高风险，国内大部分气田都采用进口套管和油管。但进口套管和油管价格远远高于国产。此时，中国石油天然气集团公司的整体优势再次得到发挥，通过与石油管材研究所（现为石油管工程技术研究院）等单位通力配合，在较短的时间内研制出了适合苏里格气田的套管和油管，取代了进口套管和油管。每米套管节约 400 多元，3500 多米的气井就可以节约成本近 160 万元，加上国产化油管单井可降低成本 40 多万元，每口井就可节约成本 200 万元。

此外，苏里格气田还形成了独特的集输模式，也大大降低了开发成本。通过采用井间串接、树状集气模式，大大缩短了输气管线的长度，节约了大量的建设费用。简化计量是苏里格气田的又一降本措施，还通过设备橇装化，把功能相关联设备组合在一起，避免了反复运输造成的浪费。单井地面投资由原来的 220 万元降至 110 万元。

苏里格气田在大规模建设过程中全面推行"标准化设计、模块化建设、标准化造价、规模化采购"建设模式，实现"生产效率和建设质量两提高、工程造价和安全风险两降低"。集成创新 3 大类 12 项配套开发技术，管理创新与技术创新有机结合，气田开发成本得到有效控制，单井钻井成本降低 40%，地面建设投资降低 50%，提高了苏里格气田开发效率和效益。

6.1.3 经济学理论解析提质增效根源

6.1.3.1 交易费用理论解析治理机制

从交易费用理论角度分析，苏里格气田开发提质增效的根源是钻井工程治理机制由市场制转化为企业制，符合了钻井工程高资产专用性、高交易频率的经济学特性，因此极大地提高了管理效率，大幅度降低了交易费用。

2005 年之前，辽河石油勘探局、长庆石油勘探局、四川石油管理局、华北石油管理局、大港油田集团有限责任公司等 5 家工程技术服务企业为乙方，提供钻井工程施工服务给甲方长庆油田公司，甲乙双方按照市场制治理机制实施钻井工程管理。

2005年之后，以合作区块为管理对象，长庆油田公司苏里格气田开发分公司作为建设单位，与辽河、长庆、四川、华北、大港等5家工程技术服务企业建立联盟管理模式，组建5个项目经理部，按照"六统一、三共享、一集中"管理，实施了7000多口井。如第二项目经理部辖有苏10、苏11、苏53等3个区块，对应的是长城钻探工程有限公司苏里格气田分公司，代表长城钻探工程有限公司（2008年2月重组前代表辽河石油勘探局）与长庆油田公司合作开发苏里格气田，下属两个采气作业区。长城钻探工程有限公司钻井队伍提供的钻井工程施工服务对象是长城钻探工程有限公司苏里格气田分公司，建设单位和施工单位同属于长城钻探工程有限公司，按照企业制治理机制实施钻井工程管理。

在钻井生产组织方面，长城钻探工程有限公司设立长庆生产指挥中心和工程技术部长庆分部。长庆生产指挥中心全权负责长庆油气区钻井生产组织，实行一体化管理，主要职责包括：(1) 市场信息的收集、整理及分析，项目的前期论证、投（议）标、谈判和签约等市场开发管理；(2) 施工队伍的调度和工作量的调配；(3) 工程技术服务项目的生产协调和运行管理；(4) 施工队伍的工程技术管理、质量管理和HSE监督管理；(5) 设备资源的合理配置和物资后勤保障协调；(6) 民营施工队伍的资质审核、市场准入管理和工作量的调配、安全环保和生产组织管理；(7) 工程项目与甲方结算；(8) 协调处理长庆市场的各种内外部关系。

工程技术部长庆分部主要职责包括：(1) 工程技术支持和技术管理；(2) 监督检查施工队伍工程技术管理制度执行情况；(3) 组织审定重点项目工程设计、施工方案；(4) 负责重点工程、特殊工艺和关键环节的验收和作业许可；(5) 负责较大工程事故调查、分析和处理，参与重特大事故调查、分析和处理；(6) 指导井下复杂情况处理、工程质量管理；(7) 组织新技术、新工艺推广和应用；(8) 负责施工作业井控工作监督、检查和考核；(9) 负责工程技术文档管理和上报。

可见，长城钻探工程有限公司在长庆油气区实行矩阵式的企业制治理机制，长庆生产指挥中心相当于油气区事业部，工程技术部长庆分部相当于专业技术部。

6.1.3.2　产权理论解析激励机制

从产权理论角度分析，苏里格气田开发提质增效的根源是苏10、苏53等合作区块的收益权发生了根本性变化，由长庆油田公司转移到5家工程技术服务企业，极大地激发了工程技术服务企业的积极性和创造性。

中国石油天然气集团公司内部重组以后，工程技术服务企业和油田公司成为两个相对独立的实体，前者通过向后者提供服务来实现生存和发展。由于油田公司的投资正是工程技术服务企业的收入和利润来源，所以工程技术服务企业降低成本也就失去了原动力。苏里格气田前期开发评价试验中，钻井周期较长、综合建井成本较高的问题一直没有得到解决。

"5+1"合作模式的建立，使参与气田合作开发的5家工程技术服务企业的效益来源不再是提供钻井服务所得收入，而是5家工程技术服务企业自己生产的天然气销售收入。工程技术服务方面的投资是5家工程技术服务企业通过销售天然气收入来回收。过去钻探公司按照油田公司的设计方案，把井打出来就可以了，剩下的就是到油田公司去结算。如果把钻井周期降下来了，材料费用也降下来了，那么等到打下一口井的时候，油田公司也会把投资降下来，利润空间可能反而缩小了。合作开发以后，井是给钻探公司自己打的，所花的钱得从气井的产量中挣回来，极大地调动了工程技术服务企业积极性和创造性。钻井服务仅是气田评价、钻井、采气、输气整个业务链中的一个关键环节，而钻井服务又是5家工程技术服务企业的专业特长，因此可以将钻井效率极大地提高，实现综合钻井成本最小化。

6.1.3.3 经济机制设计理论解析运行机制

从经济机制设计理论角度分析，苏里格气田开发提质增效的根源是对比原来的分散式市场制运行机制，"六统一""三共享""一集中"联盟式混合制运行机制的信息利用有效性、激励措施相容性、资源配置合理性均大幅提升。

（1）信息利用有效性大幅提升。例如，5家工程技术服务企业所缺乏的前期大量勘探地质信息、地面建设标准信息等，长庆油田公司可以毫无保留地交给5家工程技术服务企业。提高钻井生产效率的大量施工信息完全由工程技术服务企业掌握，可以建立高效一体化服务管理模式，交易费用非常小，甚至可以忽略不计。

（2）激励措施相容性大幅提升。例如，合作开发前，5家工程技术服务企业的最终收益依靠提供钻井服务收入，因此希望钻井工程投资和价格越高越好。合作开发后，5家工程技术服务企业的最终收益来自天然气销售，钻井工程投资转化成为开发天然气的大额生产成本，5家工程技术服务企业会想方设法降低钻井工程投资和价格。

（3）资源配置合理性大幅提升。例如，川庆钻探工程有限公司（2008年2月重组前为四川石油管理局和长庆石油勘探局）组成物探、钻井、地质、工程、科研完整的产业链，有利于各方发挥优势，建立高效的生产组织管理模式。该公司成立苏里格气田水平井组织领导机构，分设提速领导小组、现场协调小组和技术支撑小组；完善生产例会制度、现场协调制度、领导把关制度和技术分析制度等5项制度，为水平井钻井提速提供保障。公司所属地质研究院加强地质研究，保证水平段一次直接顺利入窗。公司所属工程技术研究院加强现场技术管理，精细组织定向服务和钻井液服务，有效控制井眼轨迹和提升钻井速度。承担钻井施工任务的钻井队采取严格控制钻具探伤、井下工具的使用时间等措施。制订出苏里格水平井提速方案，展开科研攻关，依靠技术创新，加大技术集成力度，总结试验成功了5项水平井快速钻井配套技术，探寻到了解决气井水平井施工工艺复杂、施工管理难度大、成本费用高等难题的良方。如表层井段防砂堵漏快速钻井技术，解决了表层井段流沙层垮塌难题，机械钻速由以前的每小时42m提高到51.3m，同比提高22%；直井段防斜打直快速钻井技术，使二开直井段机械钻速同比提高了42.26%；钻进时间由原先平均13d缩短到5.9d。4月11日开钻的桃7-17-19H水平井，5月21日完钻，裸眼水平段长900m，完钻井深4360m，首次实现了苏里格气田水平井的钻井周期控制在40d以内。由川庆钻探工程有限公司50567钻井队施工的苏平14-19-09井，获得$83.3 \times 10^4 m^3/d$（无阻流量）的高产气流，成为苏里格气田开发以来第一口试气高产水平井。

6.2 川渝页岩气开发钻井提质增效案例

6.2.1 案例背景

中国石油川渝页岩气开发经过评层选区（2006—2009 年）、先导试验（2009—2014 年）、示范区建设（2014—2017 年）3 个阶段，初步建成长宁—威远和昭通国家级页岩气示范区，2014 年产量不到 $2\times10^8m^3$，2017 年产量达到 $30\times10^8m^3$，综合地质评价、开发方案优化、水平井优快钻井、体积压裂、工厂化作业、高效清洁开采的开发技术体系基本形成。

2017 年下半年中国石油开始大规模开发川渝页岩气，推动形成了页岩气勘探开发六大主体技术系列 20 项关键技术。应用六大主体技术，实施三轮优化调整，井均测试产量由 $10\times10^4m^3/d$ 提高到 $26\times10^4m^3/d$，平均单井最终可采储量（EUR）由 $0.5\times10^8m^3$ 提高到 $1.2\times10^8m^3$，单井产量和 EUR 提高了 1 倍以上。2020 年产量达到 $116\times10^8m^3$，同比增长 $36\times10^8m^3$，连续三年增幅超40%，占国内天然气增量的 1/3，累计产气超 $300\times10^8m^3$。2020 年建成长宁—威远 $100\times10^8m^3$ 产量示范工程，远超国家页岩气示范区项目设计的 $45\times10^8m^3$。"十三五"期间顺利建成我国最大的页岩气生产与综合利用基地，持续巩固国内页岩气先行者和引领者地位。

6.2.2 提质增效分析

页岩气开发涉及众多的领域、专业、队伍，管理幅度大、跨度大、难度大，采用以往的气田开发管理方式无法实现有效开发，必须创新管理体制机制。以管理创新带动技术创新是中国石油川渝页岩气高速高效开发的关键。

6.2.2.1 创新管理体制机制

（1）成立股份制公司。以企地合作模式为主，主要采取成立页岩气合资合作开发公司的方式展开。2013 年以来，先后在宜宾市成立了四川长宁天然气开发有限责任公司、在重庆市成立了重庆页岩气勘探开发有限责任公司、在内江市成立了四川页岩气勘探开发有限责任公司，参股企业 11 家，涉及地市 7 个，累计注册资本 120 亿元，合作区块总面积约 $2.9\times10^4km^2$。这些公司的成立有效构建了企业、地方互利共赢的新格局。

（2）开展风险作业服务。借鉴苏里格气田开发成功经验，2014 年初，中国石油管理层果断决策，划定威远页岩气开发区块，由长城钻探工程有限公司和川庆钻探工程有限公司两家钻井工程技术服务企业负责投资建设和生产运行，同时开展风险作业服务，在相同区块同台竞技，同时辅以与产量挂钩、倾向前线人员的业绩激励政策，从而加快了页岩气示范区的建设进程。

（3）成立集团公司川渝页岩气前线指挥部。中国石油天然气集团有限公司川渝页岩气前线指挥部成立于 2017 年 8 月，主要负责统筹指挥和协调川渝页岩气大规模有效上产的现场组织与进度管理，推进相关技术应用，确保实现集团公司页岩气发展规划目标。下设综合管理部、生产运行部、勘探开发部、工程技术部、地面工程部5个部门，由西南油气田公司、浙江油田公司、川庆钻探工程有限公司、长城钻探工程有限公司、西部钻探工程有限公司、渤海钻探工程有限公司、大庆钻探工程公司、勘探开发研究院、工程技术研究院有限公司、东方地球物理勘探有限责任公司、测井有限公司等单位相关人员组成。川渝页岩气前线指挥部认真贯彻集团公司页岩油气领导小组总体部署，全面落实"统一规划实施、统一组织机构、统一对外协调、统一技术政策、统一生产调度、统一后勤支撑"的"六统一"要求，按照"共享资源、共享技术、共享信息"的"三共享"原则，大力实施"一体化组织、一体化实施、一体化研发、一体化保障、一体化协调"的"五个一体化"，单井产量不断攀升，运行组织平稳从容，工程技术迭代升级，地面建设快建快投，创新了一套有效的管理模式，建立了一批标准的技术模板，锤炼了一支专业的员工队伍，川渝页岩气迈入规模效益发展新阶段。随着资源认识、技术水平、管理经验的同步提高，实现了工程投资和管理成本双双下降。

6.2.2.2 创新工程管理方法

（1）建立地质工程一体化作业模式。相较于常规气，页岩气的勘探开发不适用于"预探—评价—试采—整体开发"的阶段划分。页岩气开发打破勘探与评价、试采与开发的界限，以"地质工程一体化"模式组织运行，找到提高单井产量和采收率的有效路径，实现了作业链的协调发展。地质工程一体化作业模式是通过打造一体化团队、实施一体化管理、建立一体化平台，打破技术条块分割，实现地质与工程的换位思考和无缝衔接。一体化团队包括具有一体化理念的地质、地质力学、钻井、压裂、气藏模拟、试井等多学科团队。一体化管理即构建协同作战的管理构架，既有一体化的整体目标，又有各尽其责的针对性目标。一体化平台以多学科数据为基础，具有整合性和兼容性的软件平台和工作流程。主要特点就是组织地质研究人员和工程设计人员同步工作，共同确定开发部署方案，在开发区域选择、目的层段确定、平台部署、井眼轨迹和压裂设计等环节同时考虑地质因素和工程因素，最终实现资源与技术、规模和效益的有机统一。

（2）大力推广实施"四个好"成功做法。一是以"定好井"为目标，持续优化井位部署，有效提高资源动用程度；实施之后，储量动用率提高10%～15%。二是以"钻好井"为目标，持续优化钻井工艺，实现提速提效；实施前后对比，机械钻速同比提高35%，钻井周期同比缩短18%，且Ⅰ类储层钻遇率保持在95%以上。三是以"压好井"为目标，进一步优化完善压裂工艺，提高单井产量；实施之后，入井材料合格率达100%，井筒完整性大于95%，压裂时效平均提高至2段/d，最高达到4段/d。四是以"管好井"为目标，及时开展产能维护，提高开发效果；实施之后，产量月递减率由36%下降至9%，单井产量提高8%～10%。

（3）创新形成页岩气特色"六化"管理方法。针对页岩气非常规特性，转变传统的生产作业方式，创新形成适用页岩气特色的"六化"管理法，在提升效率、降低成本方面发挥了巨大作用。钻完井成本从1亿元降至6500万元，井均地面配套投资由1200万元降低到700万元，钻完井和地面配套投资下降近一半。一是井位部署平台化：充分利用地下和地面资源，每个平台部署丛式井6～14口，较常规方式节约土地和钻前工程投资，奠定了工厂化作业基础。二是钻井压裂工厂化：通过钻井压裂"工厂化布置、批量化实施、流水线作业"，实现了"资源共享、重复利用、提高效率、降低成本"的目标，钻井压裂效率提高 50% 以上。三是工程服务市场化：物资采购和工程建设公开招投标比例超过了 90%，降低了工程造价。四是组织管理一体化：搭建集"操作维护、水电信运、物资采购、企地协调"的页岩气专业化运维保障平台，有力支撑了勘探开发各项工作。五是生产管理数字化：通过建设"SCADA、油气生产物联网系统"，运行"作业区数字化办公平台、页岩气地质工程一体化平台"，形成了"平台无人值守、井区集中控制、远程支持协作"的管理新模式。六是采输作业橇装化：通过"标准化设计、工厂化预制、模块化安装、橇装化重复利用"，满足页岩气生产特点，缩短建设周期，实现了快建快投，场站建设投资控制在 500 万～700 万元，成本节约效果显著。

6.2.3 经济学理论解析提质增效根源

6.2.3.1 交易费用理论解析治理机制

从交易费用理论角度分析，川渝页岩气开发提质增效的根源是页岩气开发项目治理机制和钻井工程治理机制两个层面上都是由市场制转化为企业制，符合了页岩气开发项目和钻井工程高资产专用性、高交易频率的经济学特性，因此极大地提高了管理效率，大幅度降低了交易费用。

页岩气开发项目属于世界性难题，目前仅有美国、加拿大、中国等少数国家能够规模开发，地质资源条件、工程技术难度、人力知识需求、生产设备工具等多方面都表现为专用性极高的特质资产，同时大规模开发又导致交易频率高，因此页岩气开发项目适合于企业制治理机制。

基于集团公司川渝页岩气前线指挥部的页岩气开发项目管理机制充分体现了企业制治理机制。川渝页岩气前线指挥部下设综合管理部、生产运行部、勘探开发部、工程技术部、地面工程部 5 个部门，由西南油气田公司、浙江油田公司、川庆钻探工程有限公司、长城钻探工程有限公司、西部钻探工程有限公司、渤海钻探工程有限公司、大庆钻探工程公司、勘探开发研究院、工程技术研究院有限公司、东方地球物理勘探有限责任公司、测井有限公司等单位相关人员组成，将建设单位、施工单位、研究单位有机融合在一个企业体制下，按照"六统一""三共享""五个一体化"运行管理，统筹指挥和协调川渝页岩气大规模有效上产的现场组织与进度管理，推进相关配套技术应用。

钻井工程治理机制由市场制转化为企业制的情况同苏里格气田开发基本一致，见苏里格气田开发钻井提质增效案例。

6.2.3.2 产权理论解析激励机制

从产权理论角度分析，川渝页岩气开发提质增效的根源是页岩气开发的收益权发生了根本性变化。

一方面是通过成立股份制公司，将页岩气开发的收益权由西南油气田公司独享转变为西南油气田公司、地方政府等多家共享，成立四川长宁天然气开发有限责任公司、四川页岩气勘探开发有限责任公司、重庆页岩气勘探开发有限责任公司，代表四川省、宜宾市、重庆市等政府的企业参股，充分调动了当地政府的积极性，对于解决页岩气开发大规模用地、工农关系、环保处理等关键问题发挥了重要作用。

另一方面是借鉴苏里格气田开发经验，通过战略联盟方式，将页岩气开发的收益权由西南油气田公司转移到川庆钻探工程有限公司和长城钻探工程有限公司两家工程技术服务企业，极大地激发了工程技术服务企业的积极性和创造性。

6.2.3.3 经济机制设计理论解析运行机制

从经济机制设计理论角度分析，川渝页岩气开发提质增效的根源是对比原来的分散式市场制运行机制，"六统一""三共享""五个一体化"企业制运行机制的信息利用有效性、激励措施相容性、资源配置合理性均大幅提升。

"六统一"是"统一规划实施、统一组织机构、统一对外协调、统一技术政策、统一生产调度、统一后勤支撑"；"三共享"是"共享资源、共享技术、共享信息"；"五个一体化"是"一体化组织、一体化实施、一体化研发、一体化保障、一体化协调"。在川渝页岩气前线指挥部统一领导下，建立地质工程一体化作业模式，大力推广实施"四个好"的成功做法，创新形成页岩气特色"六化"工程管理方法。建井成本从 1 亿元降至 6500 万元，平均单井地面配套投资由 1200 万元降低到 700 万元。单井产量不断攀升，井均测试产量由 $10 \times 10^4 m^3/d$ 提高到 $26 \times 10^4 m^3/d$，平均单井 EUR 由 $0.5 \times 10^8 m^3$ 提高到 $1.2 \times 10^8 m^3$，单井产量和 EUR 提高了 1 倍以上。

以管理创新带动技术创新，围绕整个页岩气开发产业链建立一套信息利用有效、激励措施精准、资源配置合理的页岩气规模效益开发运行机制，实现了川渝页岩气的大规模效益开发，为中国页岩气产业发展提供了可借鉴可推广的管理新模式。

6.3 中国石油编制10年发展规划钻井提质增效案例

6.3.1 案例背景

2018 年根据中国石油 2021—2030 年页岩气发展总体规划要求，需要编制昭通、长宁、威远、渝西、泸州 5 个区块、3 种埋深范围（3500m 以浅、3500～4000m、4000～4500m）、4 种水平段长度（1500m、2000m、2500m、3000m）的钻井投资参考指标，用于开发井投资测算。

昭通、长宁、威远 3 个区块刚刚开发埋深小于 3500m 的页岩气，泸州和渝西两个区块尚未开发。在目前有限的资料条件下，科学合理地测算 2021—2030 年 5 个区块 3 种埋深范围 4 种水平段长度的页岩气钻井投资难度相当大。同时，编制页岩气开发中长期规划时，采用现有投资测算方法会使页岩气开发经济效益评价结果不准确，影响投资决策科学性，甚至可能导致重大决策失误。因此，迫切需要研究建立一套基于页岩气一体化开发的钻井工程投资优化分析方法。

6.3.2 钻井生产力水平分析

截至 2017 年 12 月底，西南油气田公司、浙江油田公司、川庆钻探工程有限公司、长城钻探工程有限公司 4 家建设单位完钻井 267 口，进尺 121.14×10⁴m，平均井深 4537m，平均单井投资 5021 万元，平均单井日产 $6.11×10^4m^3$。已经建立钻井技术模板，钻井周期较开发初期缩短 40%～60%。采用综合平均钻速指标（m/d）[= 井深（m）÷ 钻井周期（d）]，按每口井开钻时间先后顺序做出学习曲线（图 6-1），学习曲线基本呈水平稳定状态。通过前期研究，认识到川渝页岩气开发钻井技术体系基本形成，钻井生产力水平趋于稳定，基本具备了大规模上产条件。

6.3.3 钻井管理提质增效配套措施

在钻井管理方面，面对大规模上产形势，从实现整体效益最大化总体目标出发，采用经济学的经济机制设计理论，分析得出川渝页岩气开发钻井主要存在计价信息不够规范、资源配置不够合理、激励措施不够到位等方面的问题。其中，计价信息不够规范是一个比较突出的钻井投资优化管理问题。这是因为：(1) 基于川渝页岩气开发工厂化作业、长水平段大规模压裂等钻井工程特殊性，没有适合使用的页岩气开发钻井投资测算计价标准；(2) 计价方法多种多样，导致钻井工程概预算和合同额与实际成本偏差很大，甲乙双方矛盾突出。

针对上述川渝页岩气开发钻井管理存在的问题，提出综合实施统一计价方法、统一资源配置、统一激励措施的"三统一"页岩气一体化开发钻井提质增效配套措施。统一计价方法是基础，统一资源配置是核心，统一激励措施是关键。其中关键内容概括为"计价方法一体化 + 标准井管理"，总体上构成了一整套钻井投资优化分析方法。

6.3.3.1 统一计价方法

建立页岩气钻井工程量清单计价规则及配套的计价标准体系，实施标准井管理。依据科学管理原理，根据页岩气钻井技术模板和工厂化工艺流程，建立钻井工程量清单计价规则以及配套的预算定额、工程建设其他定额、概算定额、概算指标、估算指标、参考指标，建立若干口标准井，实现精细管控钻井投资。

6.3.3.2 统一资源配置

以提高劳动生产率为抓手，打通钻井生产线瓶颈，充分发挥一体化管理优势。

(1) 统一安排钻井队、压裂队等施工队伍。按效益优先原则安排生产计划，组织施工队伍，保证工作量均衡，大幅度减少组织停工，使劳动生产率由 60% 提高到 90% 以上。

(2) 统一处理钻井废弃物。由中国石油和地方政府共同建设 1～2 个钻井废弃物集中处理场，可使油基岩屑处理单价下降 60%～70%，单井节约近百万元，并且最大限度降低大量废弃物不能及时处理导致组织停工和环保不达标的风险。

(3) 统一组织大宗物资供应。北美页岩气开发案例表明，1 个平台 5 口井集中供应大宗材料可使材料费下降 18%。

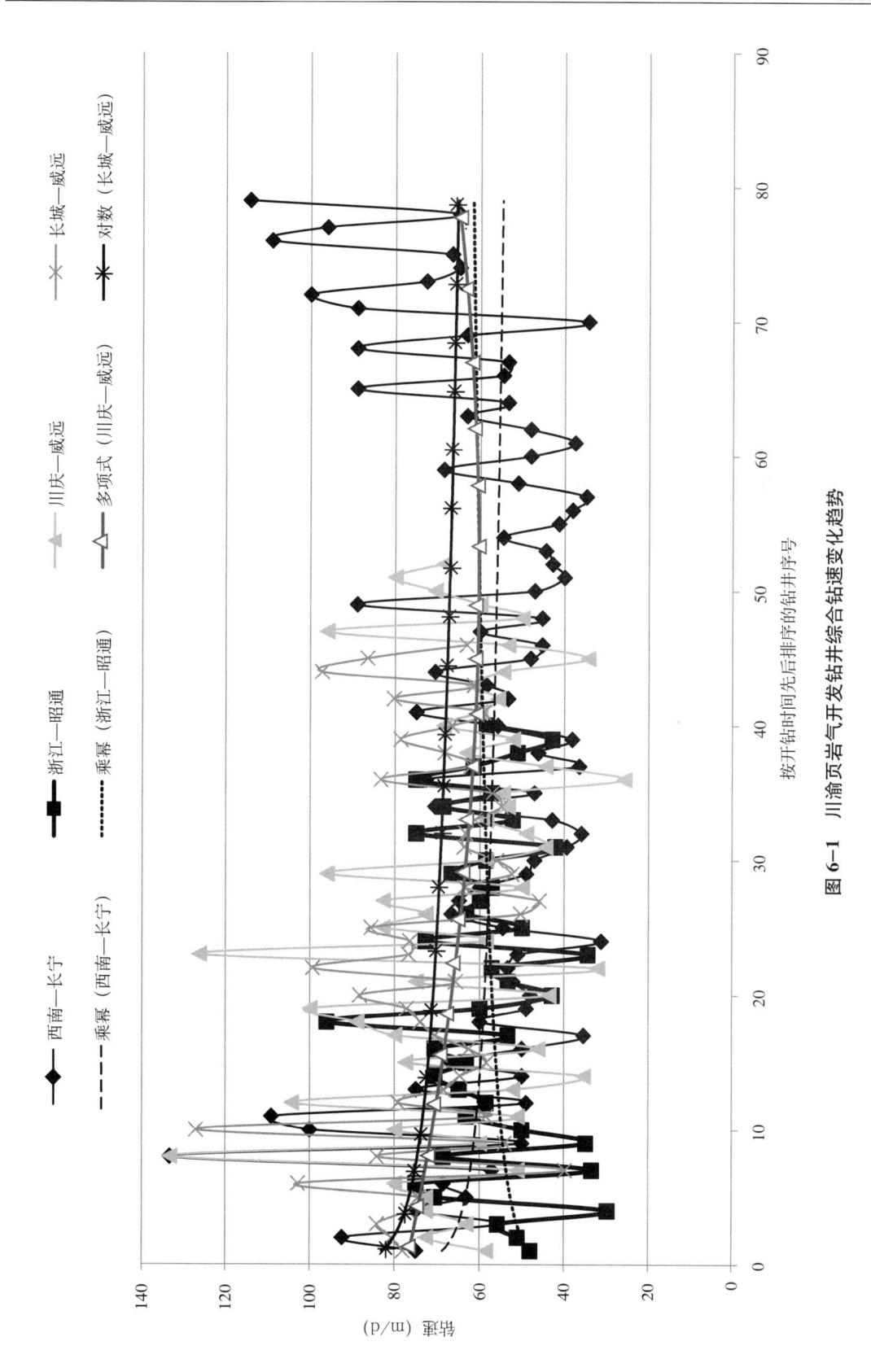

图 6-1 川渝页岩气开发钻井综合钻速变化趋势

（4）统一组织集中供水供电。由中国石油和地方政府共同签订供水供电协议或组建供水供电公司，既可以实现规模效益降成本，又可以解决水电供应不及时造成组织停工的风险。

（5）统一组织技术攻关。选择1～2个示范性平台进一步开展钻井提速提效先导性试验，深入研究旋转导向、个性化钻头、水基钻井液以及各项配套技术，建立标准井技术模板，使钻井周期缩短10%以上。

6.3.3.3 统一激励措施

针对川渝页岩气开发，研究建立一套以贡献率为核心的长效激励机制。采取多种方式，实施建设单位、施工单位、地方政府股份制分配长期激励措施；实施按年度整体效益增加值一定比例奖励的中期激励措施，奖金可以考虑计入单井工程成本；实施按平台节约成本一定比例即时奖励的短期激励措施，奖金可以考虑计入单井工程投资。

6.3.4 钻井工程概算定额编制

6.3.4.1 平台标准井数量分析

通过已经开发的50个平台数据分析，单个平台井数为3～10口水平井，平均5.78口水平井，其中28个平台井数为6口水平井。另外，经济评价研究表明，涪陵地区页岩气井工厂化平台最优布井数量为4～8口水平井，中间值为6口。综合上述分析，确定1个平台设计6口标准水平井，其中中间2口二维水平井、四周4口三维水平井，如图6-2所示。

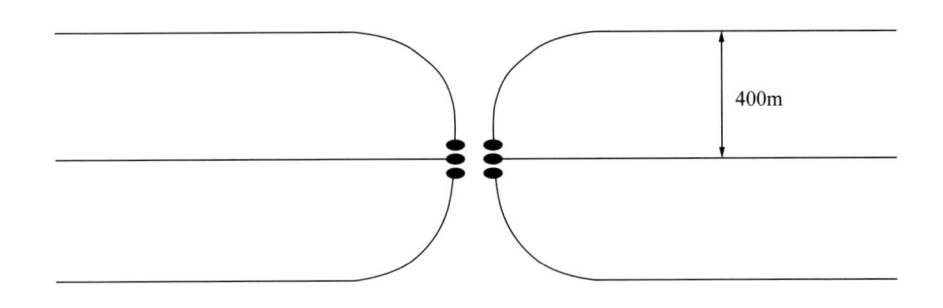

图6-2 平台水平井轨迹设计示意图

6.3.4.2 平台标准井关键参数分析

水平井平均垂深分别确定为昭通2400m，长宁2800m、3750m、4250m，威远3200m、3750m、4250m，泸州和渝西3200m、3750m、4250m。水平段长度为1500m。水平段间距400m。平均压裂21段。建立5个区块二维和三维两种水平井型的26口标准井，见表6-1。

表6-1 5个区块标准井关键参数

序号	区块	埋深范围（m）	平均垂深（m）	水平段长（m）	压裂段数（段）	标准井类型
1	昭通	<3500m	2400	1500	21	二维井、三维井
2	长宁	<3500m	2800	1500	21	二维井、三维井
3	长宁	3500~4000m	3750	1500	21	二维井、三维井
4		4000~4500m	4250	1500	21	二维井、三维井
5	威远	<3500m	3200	1500	21	二维井、三维井
6	威远	3500~4000m	3750	1500	21	二维井、三维井
7		4000~4500m	4250	1500	21	二维井、三维井
8	泸州	<3500m	3000	1500	21	二维井、三维井
9	泸州	3500~4000m	3750	1500	21	二维井、三维井
10		4000~4500m	4250	1500	21	二维井、三维井
11	渝西	<3500m	3000	1500	21	二维井、三维井
12	渝西	3500~4000m	3750	1500	21	二维井、三维井
13		4000~4500m	4250	1500	21	二维井、三维井

6.3.4.3 标准井主要技术参数分析

选择与已钻井平均井深相近的完钻井作典型参考井，参考井史和钻井工程设计等资料，立足于成熟配套技术，确定出井身结构和各井段、各工序钻井时间，最终确定出标准井钻井周期。

二维水平井钻井技术参数：四开井身结构。造斜点选择在四开井段造斜，造斜点为A靶点垂深以上200~450m。机械钻速根据各井段平均机械钻速进行测算。

三维水平井钻井技术参数：四开井身结构。采用"直增稳扭增"井眼轨迹模式，按井间距400m测算，上造斜点位置在三开井段钻进100~300m处，下造斜点为A靶点垂深以上200~450m。机械钻速根据各井段平均机械钻速进行测算。

表6-2示例性给出了某区块标准井井身结构参数测算结果。

表 6-2 某区块标准井井身结构参数

标准井号	井段	二维水平井 井深（m）	二维水平井 段长（m）	三维水平井 井深（m）	三维水平井 段长（m）
标准井 1（垂深 3200m）	一开	50	50	50	50
	二开	700	650	700	650
	三开	2900	2200	3100	2400
	四开	4950	2050	5200	2100
标准井 2（垂深 3750m）	一开	50	50	50	50
	二开	900	850	900	850
	三开	3200	2300	3400	2500
	四开	5500	2300	5750	2350
标准井 3（垂深 4250m）	一开	50	50	50	50
	二开	1200	1150	1200	1150
	三开	3700	2500	3900	2700
	四开	6000	2300	6250	2350

6.3.4.4 标准井概算定额编制

按照标准井概算定额模板，依据上述标准井工程技术参数，采用典型井相关工艺参数，编制出昭通、长宁、威远、泸州、渝西 5 个区块 26 口标准井的概算定额，示例见表 6-3。

6.3.4.5 概算定额优化调整方法

分析各区块已钻井先进指标和相应的提质增效配套技术措施，通过开展钻头、钻具组合优化及钻井参数强化等提速措施后，各段机械钻速可提高 15%。表 6-4 示例性给出了某区块三维水平井钻井周期测算结果。

表6-3 标准井概算定额示例

定额编号		YYQ-KF-BZJ2019003	
基础数据			
序号	项目	主要参数	
1	建设单位	××××××	
2	油气田	×××	
3	区块	×××	
4	目的层	龙马溪组－五峰组	
5	井别	开发井	
6	井型	水平井	
7	井身结构	一开：钻头660.4mm×50m/套管508.0mm×48m 二开：钻头444.5mm×700m/套管339.7mm×698m 三开：钻头311.1mm×2900m/套管244.5mm×2898m 四开：钻头215.9mm×4950m/套管139.7mm×4945m	

序号	项目	主要参数	备注
8	井深（m）	4950	
9	垂直井深（m）	3200	
10	造斜点（m）	2900	
11	水平位移（m）	1850	
12	水平段长（m）	1500	
13	压裂段数（段）	21	
14	钻井周期（d）	70	
15	完井周期（d）	15	
16	压裂周期（d）	25	
17	钻井设备类型	ZJ50钻机	
18	完井设备类型	ZJ50钻机（原钻机）	
19	压裂设备类型	2000型压裂车组	

工程量清单

序号	项目编码	项目名称	项目特征	计量单位	工程量
1	G	钻井工程		口	1
2	G1	钻前工程		口	1
3	G101	勘测工程	6口井平均分摊，钻前工程设计	口	1
4	G102	道路工程	6口井平均分摊	口	1
5	G103	井场工程	6口井平均分摊	口	1
6	G104	动迁工程	2个平台12口井，2部钻机分摊	口	1

续表

序号	项目编码	项目名称	项目特征	计量单位	工程量	备注
7	G105	供水工程	场内供水 + 场外供水	口	1	
8	G106	供电工程	场内供电 + 场外供电	口	1	
9	G107	其他作业		口	1	
10	G10701	工程拆迁	道路拆迁补偿	口	1	
11	G2	钻进工程		口	1	
12	G201	钻井作业		口	1	
13	G20101	钻井施工		d	3	
14	G2010101	一开施工		d	9	
15	G2010102	二开施工		d	24	
16	G2010103	三开施工		d	34	
17	G2010104	四开施工		口	1	
18	G20102	钻井材料		口	1	
19	G2010201	钻头		m	50	
20	G2010201B001	660.4mm钻头		m	650	
21	G2010201B002	444.5mm钻头		m	2200	
22	G2010201B003	311.1mm钻头		m	2050	
23	G2010201B004	215.9mm钻头		口	1	
24	G2010202	钻井液材料		m	50	
25	G201020201	一开材料	聚合物，密度 1.07～1.15g/cm³	m	700	
26	G201020202	二开材料	氯化钾—聚合物，钾—聚磺，密度 1.07～1.15g/cm³	m	700	

续表

序号	项目编码	项目名称	项目特征	计量单位	工程量	备注
27	G201020203	三开材料	钾－聚磺，密度 2.05～2.13g/cm³	m	2900	
28	G201020204	四开材料	油基钻井液，密度 2.05～2.4g/cm³	m	4950	
29	G202	钻井服务		口	1	
30	G20201	管具服务		口	1	
31	G2020101	一开管具服务		m	50	
32	G2020102	二开管具服务		m	700	
33	G2020103	三开管具服务		m	2900	
34	G2020104	四开管具服务	含 88.9mm 钻具一套	m	4950	
35	G20202	井控服务		口	1	
36	G2020201	一开井控服务		d	3	
37	G2020202	二开井控服务		d	9	
38	G2020203	三开井控服务		d	24	
39	G2020204	四开井控服务		d	49	
40	G20207	顶驱服务		口	1	
41	G2020701	一开顶驱服务		d	3	
42	G2020702	二开顶驱服务		d	9	
43	G2020703	三开顶驱服务		d	24	
44	G2020704	四开顶驱服务		d	49	
45	G20208	旋转导向服务	四开使用	d	34	
46	G203	固井作业		口	1	

续表

序号	项目编码	项目名称	项目特征	计量单位	工程量	备注
47	G20301	固井施工		口	1	
48	G2030101	一开固井施工	508.0mm 套管固井	m	48	
49	G2030102	二开固井施工	339.7mm 套管固井	m	698	
50	G2030103	三开固井施工	244.5mm 套管固井	m	2898	
51	G2030104	四开固井施工	139.7mm 套管固井	m	4945	
52	G20302	固井材料		口	1	
53	G2030201	套管		口	1	
54	G2030201B001	508.0mm 套管	壁厚12.7mm，单重135.44kg/m，长圆扣，钢级J55	m	48	
55	G2030201B002	339.7mm 套管	壁厚12.19mm，单重97.78kg/m，长圆扣，钢级BG110S	m	698	
56	G2030201B003	244.5mm 套管	壁厚11.99mm，单重68.27kg/m，长圆扣，钢级BG110TS	m	2898	
57	G2030201B004	139.7mm 套管	壁厚12.7mm，单重37.73kg/m，VAM扣，钢级CBV140	m	4945	
58	G2030202	套管附件		口	1	
59	G2030202B001	508.0mm 套管附件		口	48	
60	G2030202B002	339.7mm 套管附件		m	698	
61	G2030202B003	244.5mm 套管附件		m	2898	
62	G2030202B004	139.7mm 套管附件		m	4945	
63	G2030204	水泥		口	1	
64	G203020401	一开水泥		m	50	
65	G203020402	二开水泥		m	700	

续表

序号	项目编码	项目名称	项目特征	计量单位	工程量	备注
66	G203020403	三开水泥		m	2900	
67	G203020404	四开水泥		m	4950	
68	G2030205	水泥外加剂		口	1	
69	G203020501	一开水泥外加剂		m	50	
70	G203020502	二开水泥外加剂		m	700	
71	G203020503	三开水泥外加剂		m	2900	
72	G203020504	四开水泥外加剂		m	4950	
73	G2030304	固井服务		口	1	
74	G2030401	套管检测		口	1	
75	G2030401B001	508.0mm 套管		m	48	
76	G2030401B002	339.7mm 套管		m	698	
77	G2030401B003	244.5mm 套管		m	2898	
78	G2030401B004	139.7mm 套管		m	4945	
79	G2030405	试压服务	井口试压	次	12	
80	G204	测井作业		口	1	
81	G20401	测井施工		口	1	
82	G2040101	一次测井施工	二开裸眼测井	计价米	1350	
83	G2040102	二次测井施工	339.7mm 套管固井质量检测	计价米	1350	
84	G2040103	三次测井施工	三开裸眼测井	计价米	5100	
85	G2040104	四次测井施工	244.5mm 套管固井质量检测	计价米	5100	

续表

序号	项目编码	项目名称	项目特征	计量单位	工程量	备注
86	G2040105	五次测井施工	四开裸眼测井（常规+元素）	计价米	7000	
87	G2040106	六次测井施工	139.7mm套管固井质量检测	计价米	7000	
88	G20402	资料处理解释		口	1	
89	G2040201	一次资料处理解释	按测井施工费10%计算	%	10	
90	G2040202	二次资料处理解释	按测井施工费10%计算	%	10	
91	G2040203	三次资料处理解释	按测井施工费10%计算	%	10	
92	G2040204	四次资料处理解释	按测井施工费10%计算	%	10	
93	G2040205	五次资料处理解释	按测井施工费10%计算	%	10	
94	G2040206	六次资料处理解释	按测井施工费10%计算	%	10	
95	G205	录井作业		口	1	
96	G20501	录井施工		口	1	
97	G2050101	一开录井施工	综合录井+数据传输+资料整理	d	3	
98	G2050102	二开录井施工	综合录井+数据传输+资料整理	d	9	
99	G2050103	三开录井施工	综合录井+数据传输+资料整理	d	24	
100	G2050104	四开录井施工	综合录井+数据传输+资料整理+元素录井	d	34	
101	G206	其他作业		口	1	
102	G20601	环保处理		口	1	
103	G3	完井工程		口	1	
104	G302	完井作业		口	1	
105	G30201	完井施工	原钻机小钻杆通井	d	15	

— 98 —

续表

序号	项目编码	项目名称	项目特征	计量单位	工程量	备注
106	G30202	完井材料		口	1	
107	G3020201	井口装置		套	1	
108	G3020202	油管	73.0mm 油管,壁厚 5.51mm	m	2800	
109	G3020204	完井工具	挡端阀	口	1	
110	G302004	完井服务		口	1	
111	G3020401	特车服务	泵车、水罐车等	口	1	
112	G3020402	连续油管作业	带压下油管	口	1	
113	G3020403	下桥塞	下电缆桥塞	段	21	
114	G305	射孔作业		口	1	
115	G30501	射孔施工		射孔米	63	
116	G306	测试作业		口	1	
117	G30601	地面计量		d	25	
118	G307	压裂作业		口	1	
119	G30701	压前配液	压裂液体检测费	次	1	
120	G30702	压裂施工		段	21	
121	G30703	压裂施工	化工材料、支撑剂,压裂用水利闸板阀	口	1	
122	G30705	压裂服务		口	1	
123	G3070501	微地震监测		口	1	
124	G309	其他作业		口	1	
125	G30901	环保处理	返排液拉运、处理	口	1	

续表

序号	项目编码	项目名称	项目特征	计量单位	工程量	备注
126	Q	工程建设其他		口	1	
127	Q1	建设管理		口	1	
128	Q101	建设单位管理		口	1	
129	Q102	钻井工程监督		口	1	
130	Q102B001	钻前工程监理		口	1	
131	Q102B002	钻井监督		d	85	
132	Q2	工程设计		口	1	
133	Q201	钻井设计		口	1	
134	Q20101	钻井地质设计		口	1	
135	Q20102	钻井工程设计		口	1	
136	Q202	完井设计		口	1	
137	Q20204	压裂工程设计	6口井平均分摊	口	1	
138	Q3	用地		口	1	
139	Q301	临时租地	6口井平均分摊	口	1	
140	Q302	长期用地	6口井平均分摊	口	1	
141	Q4	环保管理		口	1	
142	Q401	环境影响评价		次	1	
143	Q402	环保监测	6口井平均分摊	次	1	
144	Q403	地质灾害评估		次	1	
145	Q405	矿产压覆调查		次	1	

表 6-4 某区块三维标准水平井钻井周期

项目	标准井 1 钻井周期（d）		标准井 2 钻井周期（d）		标准井 3 钻井周期（d）	
分类	现有水平	提速后	现有水平	提速后	现有水平	提速后
一开	3	3	3	3	3	3
二开	9	9	11	10	13	12
三开	32	28	29	26	29	26
四开	37	35	43	42	48	46
合计	81	75	86	81	93	87

6.3.5 钻井工程预算定额编制

6.3.5.1 预算定额总体编制内容

考虑到编制 2021—2030 年规划需要多方案多情景对比优化，按照 3 种情景编制出 3 套钻井工程预算定额。

（1）编制现有生产力水平预算定额。基于现有钻井技术和生产力水平条件，采用各区块典型井工程设计、总结、概预算、合同、结算等资料，编制一套预算定额，钻前工程预算定额、钻进工程预算定额、完井工程预算定额示例分别见表 6-5、表 6-6、表 6-7。

（2）编制考虑涨价因素预算定额。基于现有管理模式和条件，综合分析 2016—2018 年人工、设备、材料价格涨幅和宏观形势，考虑物价整体上涨 10%，在现有生产力水平预算定额的基础上，编制一套考虑涨价因素预算定额。

（3）编制实施提质增效预算定额。基于综合实施统一计价方法、统一激励措施、统一资源配置的"三统一"提质增效配套措施，在现有生产力水平预算定额的基础上，编制一套实施提质增效预算定额。

6.3.5.2 预算定额优化调整方法

实施提质增效配套措施的预算定额是在现有生产力水平预算定额基础上，采用一系列优化调整方法编制出来。下面简单介绍要点。

（1）调整内容。按照管理、技术、政策 3 条主线，总体考虑了 11 个方面提质增效配套措施实施效果，包括钻井日费、压裂施工费、环保处理费、供电费、顶驱服务费、旋转导向服务费、测井作业费、录井作业费、固井作业费、连续油管服务费、大宗材料费。

（2）调整方法。下面以钻井日费和压裂施工费调整为例，示例性说明提质增效优化分析方法。

表 6-5 钻前工程预算定额编制示例

序号	定额编号	项目名称	项目特征	计量单位	综合单价	备注
1	YYQ-YSDE2019-G101-001	勘测工程	6 口井平均分摊，钻前设计	元/口	21800	
2	YYQ-YSDE2019-G102-001	道路工程	6 口井平均分摊	元/口	300000	
3	YYQ-YSDE2019-G103-001	井场工程	6 口井平均分摊	元/口	455100	
4	YYQ-YSDE2019-G104-001	动迁工程	2 个平台 12 口井，2 部钻机分摊	元/口	176277	
5	YYQ-YSDE2019-G105-001	供水工程	场内供水＋场外供水	元/口	700000	
……						

表 6-6 钻进工程预算定额编制示例

序号	定额编号	项目名称	项目特征	计量单位	综合单价	备注
1	YYQ-YSDE2019-G20101-001	钻井施工	ZJ70 钻机	元/d	95000	
2	YYQ-YSDE2019-G20101-002	钻井施工	ZJ50 钻机	元/d	75000	
3	YYQ-YSDE2019-G2010201-001	钻头		元/m	154	
4	YYQ-YSDE2019-G2010202-001	钻井液材料	普通钻井液	元/m	155	
5	YYQ-YSDE2019-G2010202-002	钻井液材料	油基钻井液	元/m	310	
……						

表 6-7 完井工程预算定额编制示例

序号	定额编号	项目名称	项目特征	计量单位	综合单价	备注
1	YYQ-YSDE2019-G30201-001	完井施工	原钻机小钻杆通井，ZJ50 钻机	元/d	75000	
2	YYQ-YSDE2019-G3020201-001	井口装置		元/套	120000	
3	YYQ-YSDE2019-G3020202-001	油管	73.02mm 油管，壁厚 5.51mm	元/m	100	
4	YYQ-YSDE2019-G3020204-001	完井工具	指端阀等	元/口	250000	
5	YYQ-YSDE2019-G3020401-001	特车服务	泵车、水罐车等	元/口	1100000	
……						

在前 3 年钻井生产力水平条件下，ZJ50 钻机平均年钻井有效时间为 191d，平均日费为 75000 元 /d。综合考虑到川渝地区良好的自然天气环境、大规模上产保证工作量以及中国石油川渝页岩气前线指挥部统一指挥协调，而且已有 ZJ50 钻机实现年有效工作时间达到 350d，预期实施大规模开发，ZJ50 钻机可以实现年有效工作时间 320d。在钻井日费 75000 元 /d 中，柴油费等大约 30% 的费用与钻井生产时间密切相关，但与年度总体有效钻井时间无关，设备折旧等大约 70% 的费用与年度总体有效钻井时间密切相关。因此，优化调整后的钻井日费 53836 元 /d=75000 元 /d×（30%+70%×191d÷320d），降低 28.2%。压裂施工由每天 1.5～2.0 段可以提高到 3.0～4.0 段，提高 1 倍，单段压裂施工费由 520000 元下降到 338000 元，降低 35%。钻机年有效工作时间大幅提升后，自然会带动测井作业、录井作业、固井作业等整条钻井生产线生产效率大幅提高，单位生产成本也会相应大幅下降。

6.3.6 钻井工程概算指标编制

钻井工程概算指标由指标编号、基础数据和工程量清单计价 3 部分组成，示例见表 6-8。基础数据直接采用概算定额中的基础数据确定。单井造价 = 钻井工程费 + 工程建设其他费，钻井工程费 = 钻前工程费 + 钻进工程费 + 完井工程费，工程建设其他费 = 建设管理费 + 工程设计费 + 用地费 + 环保管理费 + 贷款利息。单位造价 = 单井造价 ÷ 井深。规定计量单位工程费 = 综合单价 × 工程量，综合单价直接采用预算定额确定，工程量直接采用概算定额确定。分二维水平井和三维水平井编制 26 个钻井工程概算指标。

6.3.7 钻井工程估算指标编制

估算指标由指标编号、基础数据和工程量清单计价三部分组成，在概算指标基础上进一步综合。基础数据直接套用概算指标中相对应的项目内容。工程量清单计价直接套用概算指标中相关参数测算得出。工程量计量分为 3 种，一是以"口井"为单位，工程量计为 1；二是以时间"d"为单位，钻井周期计为 T1，完井周期计为 T2；三是以井深"m"为单位，钻井总井深计为 H。分二维水平井和三维水平井编制 26 个钻井工程估算指标。

6.3.8 钻井工程参考指标编制

采用估算指标的单井造价得出水平段长 1500m 的二维水平井和三维水平井参考指标。再采用概算指标中各种井的四开水平段单位进尺造价，乘以相应水平段长度，计算出水平段长度 2000m、2500m、3000m 的参考指标。按照一个平台 6 口水平井，其中 2 口二维水平井、4 口三维水平井测算，得出平台标准井综合参考指标 =（二维水平井参考指标 ×2 + 三维水平井参考指标 ×4）÷6，最后得到 5 个区块的 3 种情景、3 种埋深、4 种水平段长度的 468 个参考指标。钻井工程参考指标示例见表 6-9。

表 6-8 钻井工程概算指标示例

指标编号			YYQ-KF-ZJZB2019003			
基础数据						
序号	项目	主要参数	序号	项目		主要参数
1	建设单位	××××××	8	井深（m）		4950
2	油气田	×××	9	垂直井深（m）		3200
3	区块	×××	10	造斜点（m）		2900
4	目的层	龙马溪组—五峰组	11	水平位移（m）		1850
5	井别	开发井	12	水平段长（m）		1500
6	井型	水平井	13	压裂段数（段）		21
7	井身结构	一开：钻头 660.4mm×50m/套管 508.0mm×48m 二开：钻头 444.5mm×700m/套管 339.7mm×698m 三开：钻头 311.1mm×2900m/套管 244.5mm×2898m 四开：钻头 215.9mm×4950m/套管 139.7mm×4945m	14	钻井周期（d）		70
			15	完井周期（d）		15
			16	压裂周期（d）		25
			17	钻井设备类型		ZJ50 钻机
			18	完井设备类型		ZJ50 钻机（原钻机）
			19	压裂设备类型		2000 型压裂车组
税前单位造价（元/m）		12409	税前单井造价（万元/口）			6142.41
含税单位造价（元/m）		13672	含税单井造价（万元/口）			6767.49

— 104 —

续表

工程量清单计价

序号	项目编码	项目名称	项目特征	计量单位	工程量	综合单价(元)	税前合价(元)	税率(%)	税金(元)	含税合价(元)	比例(%)
1	G	钻井工程费		口	1		57071369		5814729	62886098	92.92
2	G1	钻前工程费		口	1		1994877		177634	2172511	3.21
3	G101	勘测工程费	6口井平均分摊，钻前工程设计	口	1	21800	21800	6	1308	23108	0.03
4	G102	道路工程费	6口井平均分摊	口	1	300000	300000	9	27000	327000	0.48
5	G103	井场工程费	6口井平均分摊	口	1	455100	455100	9	40959	496059	0.73
6	G104	动迁工程费	2个平台12口井，2部钻机分摊	口	1	176277	176277	9	15865	192142	0.28
7	G105	供水工程费	场内供水+场外供水	口	1	700000	700000	9	63000	763000	1.13
8	G106	供电工程费	场内供电+场外供电	口	1	300000	300000	9	27000	327000	0.48
9	G107	其他作业费		口	1		41700	6	2502	44202	0.07
10	G10701	工程拆迁费	道路拆迁补偿	口	1	41700	41700	6	2502	44202	0.07
11	G2	钻进工程费		口	1		26630352		2679946	29310298	43.31
12	G201	钻井作业费		口	1		8112550	9	844632	8957182	13.24
13	G20101	钻井施工费		口	1		5250000	9	472500	5722500	8.46
14	G2010101	一开施工费		d	3	75000	225000	9	20250	245250	0.36
15	G2010102	二开施工费		d	9	75000	675000	9	60750	735750	1.09
16	G2010103	三开施工费		d	24	75000	1800000	9	162000	1962000	2.90
17	G2010104	四开施工费		d	34	75000	2550000	9	229500	2779500	4.11
18	G20102	钻井材料费		口	1		2862550	9	372132	3234682	4.78
19	G2010201	钻头费		口	1		762300	9	99099	861399	1.27

续表

序号	项目编码	项目名称	项目特征	计量单位	工程量	综合单价(元)	税前合价(元)	税率(%)	税金(元)	含税合价(元)	比例(%)
20	G2010201B001	660.4mm 钻头		m	50	154	7700	13	1001	8701	0.01
21	G2010201B002	444.5mm 钻头		m	650	154	100100	13	13013	113113	0.17
22	G2010201B003	311.1mm 钻头		m	2200	154	338800	13	44044	382844	0.57
23	G2010201B004	215.9mm 钻头		m	2050	154	315700	13	41041	356741	0.53
24	G2010202	钻井液材料费		口	1		2100250		273033	2373283	3.51
25	G201020201	一开材料费	聚合物，密度 1.07～1.15g/cm³	m	50	155	7750	13	1008	8758	0.01
26	G201020202	二开材料费	氨化氢—聚合物，钾—聚磺，密度 1.07～1.15g/cm³	m	700	155	108500	13	14105	122605	0.18
27	G201020203	三开材料费	钾—聚磺，密度 2.05～2.13g/cm³	m	2900	155	449500	13	58435	507935	0.75
28	G201020204	四开材料费	油基钻井液，密度 2.05～2.4g/cm³	m	4950	310	1534500	13	199485	1733985	2.56
29	G202	钻井服务费		口	1		5843660		525929	6369589	9.41
30	G20201	管具服务费		口	1		1084000		97560	1181560	1.75
31	G2020101	一开管具服务费		m	50	80	4000	9	360	4360	0.01
32	G2020102	二开管具服务费		m	700	80	56000	9	5040	61040	0.09
33	G2020103	三开管具服务费		m	2900	80	232000	9	20880	252880	0.37
34	G2020104	四开管具服务费	含 88.9mm 钻具一套	m	4950	160	792000	9	71280	863280	1.28
35	G20202	井控服务费		口	1		316710		28504	345214	0.51
36	G2020201	一开井控服务费		d	3	3726	11178	9	1006	12184	0.02
37	G2020202	二开井控服务费		d	9	3726	33534	9	3018	36552	0.05
38	G2020203	三开井控服务费		d	24	3726	89424	9	8048	97472	0.14

续表

序号	项目编码	项目名称	项目特征	计量单位	工程量	综合单价（元）	税前合价（元）	税率（%）	税金（元）	含税合价（元）	比例（%）
39	G2020204	四开井控服务费		d	49	3726	182574	9	16432	199006	0.29
40	G20207	顶驱服务费		口	1		702950	9	63266	766216	1.13
41	G2020701	一开顶驱服务费		d	3	8270	24810	9	2233	27043	0.04
42	G2020702	二开顶驱服务费		d	9	8270	74430	9	6699	81129	0.12
43	G2020703	三开顶驱服务费		d	24	8270	198480	9	17863	216343	0.32
44	G2020704	四开顶驱服务费		d	49	8270	405230	9	36471	441701	0.65
45	G2020208	旋转导向服务费	四开使用	d	34	110000	3740000	9	336600	4076600	6.02
46	G203	固井作业费		口	1		7904617	9	938331	8842948	13.07
47	G2030301	固井施工费		口	1		1717800	9	154602	1872402	2.77
48	G2030101	一开固井施工	508.0mm 套管固井	m	48	200	9600	9	864	10464	0.02
49	G2030102	二开固井施工	339.7mm 套管固井	m	698	200	139600	9	12564	152164	0.22
50	G2030103	三开固井施工	244.5mm 套管固井	m	2898	200	579600	9	52164	631764	0.93
51	G2030104	四开固井施工	139.7mm 套管固井	m	4945	200	989000	9	89010	1078010	1.59
52	G2030302	固井材料费		口	1		5893147	9	766109	6659256	9.84
53	G2030201	套管费		口	1		4905936	13	637772	5543708	8.19
54	G2030201B001	508.0mm 套管	壁厚 12.7mm，单重 135.44kg/m，长圆扣，钢级 J55	m	48	792	38016	13	4942	42958	0.06
55	G2030201B002	339.7mm 套管	壁厚 12.19mm，单重 97.78kg/m，长圆扣，钢级 BG110S	m	698	600	418800	13	54444	473244	0.70
56	G2030201B003	244.5mm 套管	壁厚 11.99mm，单重 68.27kg/m，长圆扣，钢级 BG110TS	m	2898	665	1927170	13	250532	2177702	3.22

续表

序号	项目编码	项目名称	项目特征	计量单位	工程量	综合单价（元）	税前合价（元）	税率（%）	税金（元）	含税合价（元）	比例（%）
57	G2030201B004	139.7mm 套管	壁厚 12.7mm，单重 37.73kg/m，VAM 扣，钢级 CBV140	m	4945	510	2521950	13	327854	2849804	4.21
58	G2030202	套管附件费		口	1		183461	13	23850	207311	0.31
59	G2030202B001	508.0mm 套管附件		m	48	21	1025	13	133	1159	0.00
60	G2030202B002	339.7mm 套管附件		m	698	21	14909	13	1938	16847	0.02
61	G2030202B003	244.5mm 套管附件		m	2898	21	61901	13	8047	69948	0.10
62	G2030202B004	139.7mm 套管附件		m	4945	21	105625	13	13731	119356	0.18
63	G2030204	水泥		口	1		321900	13	41847	363747	0.54
64	G2030204 01	一开水泥费		m	50	375	18750	13	2438	21188	0.03
65	G2030204 02	二开水泥费		m	700	84	58800	13	7644	66444	0.10
66	G2030204 03	三开水泥费		m	2900	45	130500	13	16965	147465	0.22
67	G2030204 04	四开水泥费		m	4950	23	113850	13	14801	128651	0.19
68	G2030205	水泥外加剂		口	1		481850	13	62641	544491	0.80
69	G2030205 01	一开水泥外加剂费		m	50	563	28150	13	3660	31810	0.05
70	G2030205 02	二开水泥外加剂费		m	700	126	88200	13	11466	99666	0.15
71	G2030205 03	三开水泥外加剂费		m	2900	68	197200	13	25636	222836	0.33
72	G2030205 04	四开水泥外加剂费		m	4950	34	168300	13	21879	190179	0.28
73	G2030 4	固井服务费		口	1		293670		17620	311290	0.46
74	G2030401	套管检测费		口	1		257670		15460	273130	0.40
75	G2030401B001	508mm 套管		m	48	30	1440	6	86	1526	0.00

续表

序号	项目编码	项目名称	项目特征	计量单位	工程量	综合单价（元）	税前合价（元）	税率（%）	税金（元）	含税合价（元）	比例（%）
76	G2030401B002	339.7mm套管		m	698	30	20940	6	1256	22196	0.03
77	G2030401B003	244.5mm套管		m	2898	30	86940	6	5216	92156	0.14
78	G2030401B004	139.7mm套管		m	4945	30	148350	6	8901	157251	0.23
79	G2030405	试压服务费	井口试压	次	12	3000	36000	6	2160	38160	0.06
80	G204	测井作业费		口	1		1368125	6	82088	1450213	2.14
81	G20401	测井施工费		口	1		1243750	6	74625	1318375	1.95
82	G2040101	一次测井施工费	二开裸眼测井	计价米	1350	28	37800	6	2268	40068	0.06
83	G2040102	二次测井施工费	339.7mm套管固井质量检测	计价米	1350	27	36450	6	2187	38637	0.06
84	G2040103	三次测井施工费	三开裸眼测井	计价米	5100	28	142800	6	8568	151368	0.22
85	G2040104	四次测井施工费	244.5mm套管固井质量检测	计价米	5100	27	137700	6	8262	145962	0.22
86	G2040105	五次测井施工费	四开裸眼测井（常规+元素）	计价米	7000	100	700000	6	42000	742000	1.10
87	G2040106	六次测井施工费	139.7mm套管固井质量检测	计价米	7000	27	189000	6	11340	200340	0.30
88	G20402	资料处理解释费		口	1		124375	6	7463	131838	0.19
89	G2040201	一次资料处理解释费	按测井施工费10%计算	%	10	37800	3780	6	227	4007	0.01
90	G2040202	二次资料处理解释费	按测井施工费10%计算	%	10	36450	3645	6	219	3864	0.01
91	G2040203	三次资料处理解释费	按测井施工费10%计算	%	10	142800	14280	6	857	15137	0.02
92	G2040204	四次资料处理解释费	按测井施工费10%计算	%	10	137700	13770	6	826	14596	0.02
93	G2040205	五次资料处理解释费	按测井施工费10%计算	%	10	700000	70000	6	4200	74200	0.11
94	G2040206	六次资料处理解释费	按测井施工费10%计算	%	10	189000	18900	6	1134	20034	0.03
95	G205	录井作业费		口	1		572000	6	34320	606320	0.90

续表

序号	项目编码	项目名称	项目特征	计量单位	工程量	综合单价(元)	税前合价(元)	税率(%)	税金(元)	含税合价(元)	比例(%)
96	G20501	录井施工费		口	1		572000		34320	606320	0.90
97	G2050101	一开录井施工	综合录井＋数据传输＋资料整理	d	3	5500	16500	6	990	17490	0.03
98	G2050102	二开录井施工	综合录井＋数据传输＋资料整理	d	9	5500	49500	6	2970	52470	0.08
99	G2050103	三开录井施工	综合录井＋数据传输＋资料整理	d	24	5500	132000	6	7920	139920	0.21
100	G2050104	四开录井施工	综合录井＋数据传输＋资料整理＋元素录井	d	34	11000	374000	6	22440	396440	0.59
101	G206	其他作业费		口	1		2829400	9	254646	3084046	4.56
102	G20601	环保处理费		口	1	2829400	2829400	9	254646	3084046	4.56
103	G3	完井工程费		口	1		28446140		2957149	31403289	46.40
104	G302	完井作业费		口	1		4740000		418850	5158850	7.62
105	G30201	完井施工费	原钻机小钻杆通井	d	15	75000	1125000	6	67500	1192500	1.76
106	G30202	完井材料费	73.0mm油管，壁厚5.51mm	口	1		650000		84500	734500	1.09
107	G3020201	井口装置费	挡箭阀	套	1	120000	120000	13	15600	135600	0.20
108	G3020202	油管费		m	2800	100	280000	13	36400	316400	0.47
109	G3020204	完井工具费		口	1	250000	250000	13	32500	282500	0.42
110	G30204	完井服务费		口	1		2965000		266850	3231850	4.78
111	G3020401	特车服务费	泵车、水罐车等	口	1	1100000	1100000	9	99000	1199000	1.77
112	G3020402	连续油管作业费	带压下油管	口	1	500000	500000	9	45000	545000	0.81
113	G3020403	下桥塞费	下电缆桥塞	段	21	65000	1365000	9	122850	1487850	2.20
114	G305	射孔作业费		口	1		628740		56587	685327	1.01

续表

序号	项目编码	项目名称	项目特征	计量单位	工程量	综合单价(元)	税前合价(元)	税率(%)	税金(元)	含税合价(元)	比例(%)
115	G30501	射孔施工费		射孔米	63	9980	628740	9	56587	685327	1.01
116	G306	测试作业费		口	1		325000	6	19500	344500	0.51
117	G30601	地面计量费		d	25	13000	325000	6	19500	344500	0.51
118	G307	压裂作业费		口	1		21902400		2385712	24288112	35.89
119	G30701	压前配液费	压裂液体检测费	次	1	70000	70000	9	6300	76300	0.11
120	G30702	压裂施工费		段	21	520000	10920000	9	982800	11902800	17.59
121	G30703	压裂材料费	化工料、支撑剂、压裂用水利闸板阀	口	1	10362400	10362400	13	1347112	11709512	17.30
122	G30705	压裂服务费		口	1		550000	9	49500	599500	0.89
123	G3070501	微地震监测费		口	1	550000	550000	9	49500	599500	0.89
124	G309	其他作业费		口	1		850000	9	76500	926500	1.37
125	G30901	环保处理费	返排液拉运、处理	口	1	850000	850000	9	76500	926500	1.37
126	Q	工程建设其他费		口	1		1123367		107421	1230788	1.82
127	Q1	建设管理费		口	1		245000		14700	259700	0.38
128	Q101	建设单位管理费		口	1	150000	150000	6	9000	159000	0.23
129	Q102	钻井工程监督费		口	1		95000	6	5700	100700	0.15
130	Q102B001	钻前工程监督费		口	1	10000	10000	6	600	10600	0.02
131	Q102B002	钻井监督费		d	85	1000	85000	6	5100	90100	0.13
132	Q2	工程设计费		口	1		110000		6600	116600	0.17
133	Q201	钻井设计费		口	1		90000		5400	95400	0.14

续表

序号	项目编码	项目名称	项目特征	计量单位	工程量	综合单价（元）	税前合价（元）	税率（%）	税金（元）	含税合价（元）	比例（%）
134	Q20101	钻井地质设计费		口	1	30000	30000	6	1800	31800	0.05
135	Q20102	钻井工程设计费		口	1	60000	60000	6	3600	63600	0.09
136	Q202	完井设计费		口	1		20000	6	1200	21200	0.03
137	Q20204	压裂工程设计费	6口井平均分摊	口	1	20000	20000	6	1200	21200	0.03
138	Q3	用地费		口	1		571700	13	74321	646021	0.95
139	Q301	临时租地费	6口井平均分摊	口	1	151700	151700	13	19721	171421	0.25
140	Q302	长期用地费	6口井平均分摊	口	1	420000	420000	13	54600	474600	0.70
141	Q4	环保管理费		口	1		196667	6	11800	208467	0.31
142	Q401	环境影响评价费	6口井平均分摊	次	1	150000	150000	6	9000	159000	0.23
143	Q402	环保监测费		次	1	20000	20000	6	1200	21200	0.03
144	Q403	地质灾害评估费		次	1	10000	10000	6	600	10600	0.02
145	Q405	矿产压覆调查费		次	1	16667	16667	6	1000	17667	0.03
146	Y	预备费		口	1		1745842			1923507	2.84
147	Y1	基本预备费	按钻井工程费和工程建设其他费3%计取	%	3		1745842			1923507	2.84
148	D	贷款利息	按钻井工程费、工程建设其他费、预备费的55%计取贷款利息4.5%	%	4.5		1483529			1634500	2.42

— 112 —

表6-9 钻井工程参考指标示例

序号	指标编号	区块	目的层	埋深范围 (m)	井别	井型	井身结构	垂深 (m)	压裂段数 (段)	水平段长度对应钻井投资（万元）				备注
										1500m	2000m	2500m	3000m	
1	YYQCKZB2019-001	××	龙马溪组—五峰组	<3500	开发井	水平井	四开	2400	21	5×××	6×××	6×××	7×××	已开发
2	YYQCKZB2019-002		龙马溪组—五峰组	<3500	开发井	水平井	四开	2800	21	5×××	6×××	7×××	8×××	已开发
3	YYQCKZB2019-003	××	龙马溪组—五峰组	3500~4000	开发井	水平井	四开	3750	21	6×××	7×××	8×××	9×××	
4	YYQCKZB2019-004		龙马溪组—五峰组	4000~4500	开发井	水平井	四开	4250	21	6×××	7×××	8×××	9×××	
5	YYQCKZB2019-005	××	龙马溪组—五峰组	<3500	开发井	水平井	四开	3200	21	6×××	7×××	8×××	9×××	已开发
6	YYQCKZB2019-006		龙马溪组—五峰组	3500~4000	开发井	水平井	四开	3750	21	6×××	7×××	8×××	9×××	
7	YYQCKZB2019-007	××	龙马溪组—五峰组	4000~4500	开发井	水平井	四开	4250	21	6×××	7×××	8×××	9×××	
8	YYQCKZB2019-008		龙马溪组—五峰组	<3500	开发井	水平井	四开	3000	21	5×××	6×××	7×××	8×××	
9	YYQCKZB2019-009	××	龙马溪组—五峰组	3500~4000	开发井	水平井	四开	3750	21	6×××	7×××	8×××	9×××	
10	YYQCKZB2019-010		龙马溪组—五峰组	4000~4500	开发井	水平井	四开	4250	21	6×××	7×××	8×××	9×××	
11	YYQCKZB2019-011	××	龙马溪组—五峰组	<3500	开发井	水平井	四开	3000	21	5×××	6×××	7×××	8×××	
12	YYQCKZB2019-012		龙马溪组—五峰组	3500~4000	开发井	水平井	四开	3750	21	6×××	7×××	8×××	8×××	
13	YYQCKZB2018-013		龙马溪组—五峰组	4000~4500	开发井	水平井	四开	4250	21	6×××	7×××	8×××	9×××	

6.3.9 提质增效分析

6.3.9.1 钻井工程投资测算

采用昭通、长宁、威远、渝西、泸州5个区块的钻井工程参考指标，分别乘以对应的页岩气发展总体规划产能建设规模所确定的开发井数量，得到各区块开发井投资测算结果，用于总体投资测算和经济评价。

$$V = \sum_{i=1}^{N}(C_i \times W_i) \tag{6-1}$$

式中　V——钻井工程总投资，万元；

　　　N——区块数量；

　　　C_i——某一区块平台标准井钻井工程参考指标，万元/口；

　　　W_i——各区块钻井井数，口。

6.3.9.2 钻井工程提质增效效果分析

页岩气发展总体规划编制中钻井工程提质增效效果分析见表6–10。

表6–10　钻井工程提质增效效果分析

	序号	项目		计量单位	现有生产水平	实施提质增效	差值	幅度	提质增效措施
措施分析	(1)	钻井周期	昭通二维水平井	d	6×	6×	-9	-13%	技术进步，机械钻速提高15%
			昭通三维水平井		7×	7×	-8	-10%	
			长宁二维水平井		6×	6×	-6	-9%	
			长宁三维水平井		7×	7×	-6	-8%	
			威远二维水平井		7×	6×	-6	-9%	
			威远三维水平井		8×	7×	-6	-7%	
	(2)	钻机日费	ZJ50钻机	元/d	7××××	5××××	-21164	-28%	管理提升，年有效工作时间由191d提高到320d
			ZJ70钻机		9××××	7××××	-21197	-22%	管理提升，年有效工作时间由218d提高到320d
	(3)	压裂施工费	2000型压裂车组	万元/段	5×.×	3×.×	-18.2	-35%	管理提升，每天压裂段数由1.5~2段提高到3~4段
总体效果分析	(1)	标准井投资	昭通	万元	5×××	4×××	-1190	-21%	
			长宁	万元	5×××	4×××	-1191	-21%	
			威远	万元	6×××	4×××	-1218	-20%	
	(2)	经济评价	开发井投资	亿元	2×××	1×××	-332	-16%	
			内部收益率	%	4.××	8.××	4.28	103%	

（1）措施分析。按照管理、技术、政策3条主线，分析了钻井周期、钻井日费、压裂施工费、环保处理费、供电费、顶驱服务费、旋转导向服务费、测井作业费、录井作业费、固井作业费、连续油管服务费、大宗材料费12个方面的提质增效效果。钻井周期缩短7%到13%，钻机日费减少22%和28%，压裂施工费减少35%。

（2）总体效果分析。实施提质增效措施后，标准井钻井投资降低20%以上，含地面工程的开发井投资下降16%。考虑到学习曲线效果，标准井钻井投资下降20%按5年分步实现。在给定的产能建设规模和钻井数量条件下，测算出的钻井投资减少了332亿元，内部收益率由4.16%提高到8.44%，提高了103%，提质增效效果显著，满足了内部收益率达到8%以上的投资决策要求。

6.4 建设单位编制油田开发方案钻井提质增效案例

6.4.1 案例背景

某海外项目公司所属 ADM 油田一期开发，2011 年建成 100×10^4t 生产能力。2019 年编制 ADM 油田二期开发方案，建产期 42 个月，动用 33 个断块，共投产 237 口井，其中老井 48 口、新井 189 口，平均年钻井 63 口；一次性建成年产 450×10^4t 原油生产能力。

6.4.2 钻井生产力水平分析

统计分析 2013—2018 年 120 口已钻井的钻井工程主要参数。总进尺 286125m，平均井深 2384m；钻井周期 3458d，完井周期 1186d，平均单井钻井周期 29d，平均单井完井周期 10d；总投资 50834 万美元，平均单井投资 424 万美元，平均单位进尺投资 1777 美元 /m。

6.4.3 钻井工程概算定额编制

（1）现有生产力水平下钻井工程概算定额编制。

根据区块、井别、井型、井身结构、完井方式、井深区间、钻井周期等关键参数，分析 120 口已钻井，得出 25 个样本组，剔除 14 口异常井，由 106 口井对应得出 25 口标准井，见表 6-11。

在 25 个样本组中，每个样本组中选出 1 口典型井，其井深和钻井周期最接近标准井的井深、钻井周期。按照《钻井工程工程量清单计算规则》（见第 3 章），以典型井工程参数为主，并参考样本组其他井的相关参数，编制出标准井的工程量消耗标准，形成 25 个钻井工程概算定额。

（2）提质增效优化措施后钻井工程概算定额编制。

ADM 油田二期开发建设产能 450×10^4t，第一阶段建产期前 3 年 189 口井。提质增效主要措施是：①大量采用丛式井组开发，大幅减少井场费用、搬家费用、运输费用；②优化生产组织，采取钻井分片部署，集中作业，逐口井测算周期。根据开发方案确定的 ADM 油田二期上产前 3 年 30 个断块 73 个井场 189 口井工程参数，分析得出 9 个样本组，测算得出 9 口标准井，见表 6-12。

表 6-11 2013—2018 年 120 口已钻井对应 25 口标准井情况

标准井号	区块	井别	井型	井身结构	完井方式	井深(m)	钻井周期(d)	完井周期(d)	代表井数(口)	备注
标准井 1	Agm	探井	直井	二开	射孔	1816	14	10	7	1 口异常井
标准井 2			直井	二开		2143	21		6	1 口异常井、未试油
标准井 3			直井	二开		2236	20	11	18	2 口异常井
标准井 4			直井	二开		2682	24		3	未试油
标准井 5			直井	二开		2911	28	21	4	
标准井 6			直井	三开		3388	37	26	7	3 口异常井
标准井 7			直井	三开		4132	73	21	4	
标准井 8			定向井	二开		2010	16		1	未试油
标准井 9			定向井	二开		1923	18	9	3	1 口异常井
标准井 10			定向井	二开		3325	65	16	1	
标准井 11	Bia		直井	二开		1737	14	8	3	
标准井 12			定向井	二开		1560	14		1	未试油
标准井 13			定向井	二开		1845	25	7	1	
标准井 14			定向井	三开		3338	59	14	1	
标准井 15	Agm	评价井	直井	二开		1735	14	9	10	
标准井 16			直井	二开		1740	15		2	未试油
标准井 17			直井	二开		2540	23	20	2	
标准井 18			直井	二开		3180	29	19	1	1 口异常井
标准井 19			直井	三开		3350	37	19	1	
标准井 20			定向井	二开		2260	18	6	1	
标准井 21			定向井	二开		2283	21		1	未试油
标准井 22		开发井	直井	二开		2090	17	6	10	
标准井 23			直井	二开		2921	28	7	3	
标准井 24			定向井	二开		2217	20	8	13	5 口异常井
标准井 25			定向井	二开		2759	34	7	2	
合计									106	14 口异常井

表 6-12　189 口新钻井对应 9 口标准井情况

标准井号	区块	井别	井型	井身结构	完井方式	井深(m)	钻井周期(d)	完井周期(d)	代表井数(口)	备注
标准井 26	Agm	开发井	直井	二开	射孔	1648	20	6	18	二期
标准井 27			直井	二开		1965	22	7	23	
标准井 28			直井	二开		2650	30	5	3	
标准井 29			定向井	二开		1649	20	7	37	
标准井 30			定向井	二开		1949	22	6	50	
标准井 31			定向井	二开		2219	24	7	39	
标准井 32			定向井	二开		2720	32	6	8	
标准井 33			定向井	三开		3300	45	8	3	
标准井 34			水平井	三开	筛管	2421	43	12	8	
合计									189	

在 9 个样本组中，参考已钻井资料，每个样本组中选出 1 口典型井，其井深和钻井周期最接近标准井的井深、钻井周期。按照《钻井工程工程量清单计算规则》（见第 3 章），以典型井工程参数为主，并参考样本组其他井的相关参数，编制出标准井的工程量消耗标准，形成 9 个钻井工程概算定额。

6.4.4　钻井工程预算定额编制

全面分析钻井工程服务合同、钻井 AFE、钻井井史中钻井成本、2013—2018 年结算和决算资料，充分结合基于标准井的概算定额相关工程项目，形成一套钻井工程预算定额，包括钻前工程预算定额、钻进工程预算定额、完井工程预算定额。

6.4.5　工程建设其他定额编制

全面分析钻井工程 AFE、2013—2018 年结算和决算资料，形成一套工程建设其他定额，包括钻井工程监督定额、工程设计定额、预备费定额。

6.4.6　钻井工程概算指标编制

采用钻井工程预算定额和工程建设其他定额，分别乘以钻井工程概算定额中工程量，测算得出一套 34 个钻井工程概算指标，其中现有生产力水平下 25 个钻井工程概算指标，提质增效优化措施后 9 个钻井工程概算指标。

6.4.7 钻井工程估算指标编制

按区块、井别、井型、井身结构分类，以每口标准井对应的样本组井数作为权重，编制出一套 20 个钻井工程估算指标。

6.4.8 钻井工程参考指标编制

按区块、井别分类，以钻井工程估算指标对应的样本组井数作为权重，编制出一套钻井工程参考指标，包括探井参考指标、评价井参考指标、开发井参考指标、综合参考指标。

6.4.9 钻井工程提质增效分析

采用现有生产力水平下钻井工程概算指标和提质增效优化措施后钻井工程概算指标，分别乘以 ADM 油田二期开发方案中对应的 189 口井，测算得出优化前和优化后单井投资和总投资，见表 6–13。可见，单井投资减少了 60.95 万美元，钻井工程总投资减少了 11519.63 万美元，降低了 14.69%。

表 6–13 ADM 油田二期开发 189 口井钻井工程投资优化对比

序号	标准井号	井数（口）	优化前 单井投资（万美元）	优化前 总投资（万美元）	优化后 单井投资（万美元）	优化后 总投资（万美元）	优化后－优化前 单井投资（万美元）	优化后－优化前 总投资（万美元）	幅度（%）
1	标准井 26	18	××××	××××	××××	××××	−49.36	−888.48	−14.71
2	标准井 27	23	××××	××××	××××	××××	−42.53	−978.26	−12.04
3	标准井 28	3	××××	××××	××××	××××	−44.56	−133.69	−10.82
4	标准井 29	37	××××	××××	××××	××××	−50.18	−1856.48	−13.31
5	标准井 30	50	××××	××××	××××	××××	−57.82	−2890.87	−14.60
6	标准井 31	39	××××	××××	××××	××××	−84.09	−3279.33	−18.60
7	标准井 32	8	××××	××××	××××	××××	−100.01	−800.11	−18.26
8	标准井 33	3	××××	××××	××××	××××	−79.94	−239.81	−11.86
9	标准井 34	8	××××	××××	××××	××××	−56.58	−452.61	−8.68
合计		189	××××	××××	××××	××××	−60.95	−11519.63	−14.69

6.5 施工单位制订年度计划钻井提质增效案例

6.5.1 案例背景

某钻探公司 2017 年制订年度钻井成本计划时，分析在国内某油田 2014—2016 年钻井生产组织情况，拟通过优化配置钻井资源，提高钻井生产效率，显著降本增效，实现钻井综合单位成本最小化。

6.5.2 钻井生产力水平分析

统计分析 2014—2016 年 1126 口已钻井的钻井工程主要参数及成本数据，见表 6-14。总进尺 2730383m，平均井深 2425m；钻井周期 27806d，平均单井钻井周期 24.69d；总成本 812358 万元，平均单井成本 721 万元，平均单位进尺成本 2975 元/m。

6.5.3 标准井钻井成本测算

统计分析建设单位、区块、井别、井型、井身结构、完井方式、井深等关键钻井工程参数，在 1126 口井剔除 46 口其他异常井，采用 1080 口井测算得出 64 口标准井，对应的井数范围为 3～103 口、进尺范围为 1612～141616m、钻井周期范围为 34～1600d、试油周期范围为 7～2274d、总成本范围为 2058.56～59930.35 万元、单位成本范围为 1156～6550 元/m，见表 6-15。

6.5.4 年有效工作时间分析

ZJ30 钻机、ZJ40 钻机、ZJ50 钻机、ZJ70 钻机的 50 支钻井队年有效工作时间统计分析情况见表 6-16，平均年有效工作时间分别为 222.00d、203.75d、200.88d、194.23d。12 支试油队 37 台修井机年有效工作时间统计分析情况见表 6-17，平均单台修井机年有效工作时间为 182.31d。

6.5.5 钻井日费优化对比分析

ZJ30 钻机、ZJ40 钻机、ZJ50 钻机、ZJ70 钻机的 2014—2016 年总钻井周期分别为 1332d、8965d、11852d、4662d，统计出每口井钻井周期直接相关的直接人工费、机械使用费、制造费用三项成本，采用三项成本及合计值除以钻井总周期，测算出平均日费，见表 6-18。

综合分析某钻探公司在该油田钻井生产条件情况，若开展优化组织生产，ZJ30 钻机、ZJ40 钻机、ZJ50 钻机、ZJ70 钻机和修井机的施工队伍年有效工作时间可以分别达到 275d、290d、295d、300d、260d。实际年工作时间和日费与优化生产组织后年工作时间和日费对比情况见表 6-19，日费下降了 19%～35%。

表6-14 某钻探公司在某油田2014—2016年钻井工程量及成本水平分析

序号	建设单位	总井数（口）	总进尺（m）	总周期（d）	年均井数（口）	年均进尺（m）	年均周期（d）	平均井深（m）	平均单井周期（d）	总成本（万元）	年均成本（万元）	平均单井成本（万元）	平均进尺成本（元/m）
	合计	1126	2730383	27806	375	910128	9269	2425	24.69	812358	270786	721	2975
1	采油一厂	229	572528	5462	76	190843	1821	2500	23.85	××××	××××	××××	××××
2	采油二厂	120	208127	1749	40	69376	583	1734	14.57	××××	××××	××××	××××
3	采油三厂	277	687018	6403	92	229006	2134	2480	23.12	××××	××××	××××	××××
4	采油四厂	64	200629	2184	21	66876	728	3135	34.13	××××	××××	××××	××××
5	采油五厂	140	218542	2188	47	72847	729	1561	15.63	××××	××××	××××	××××
6	采油六厂	59	94895	629	20	31632	210	1608	10.66	××××	××××	××××	××××
7	××事业部	123	383420	4818	41	1278807	1606	3117	39.17	××××	××××	××××	××××
8	××事业部	80	257006	3391	27	85669	1130	3213	42.39	××××	××××	××××	××××
9	××公司	34	108218	982	11	36073	327	3183	28.89	××××	××××	××××	××××

表6-15 某钻探公司在某油田标准井钻井工程主要参数

标准井号	建设单位	区块	井别	井型	井身结构	完井方式	总井数（口）	总进尺（m）	总钻井周期（d）	总试油周期（d）	总成本（元）	单位成本（元/m）
标准井2017-001	采油一厂	×××	开发井	直井	二开井	射孔	5	11184	86	56	21012530	1879
标准井2017-002	采油一厂	×××	开发井	定向井	二开井	射孔	68	182246	1336	531	390832190	2145
标准井2017-003	采油一厂	×××	开发井	定向井	二开井	射孔	66	128845	771	468	257383377	1998
标准井2017-004	采油一厂	×××	开发井	定向井	二开井	射孔	33	86695	642	282	164855322	1902
标准井2017-005	采油一厂	×××	开发井	直井	三开井	射孔	4	17641	264	146	86823047	4922
标准井2017-006	采油一厂	×××	开发井	定向井	三开井	射孔	7	30507	545	223	176583266	5788

续表

标准井号	建设单位	区块	井别	井型	井身结构	完井方式	总井数(口)	总进尺(m)	总钻井周期(d)	总试油周期(d)	总成本(元)	单位成本(元/m)
标准井2017-007	采油一厂	×××	开发井	定向井	三开井	射孔	8	25837	343	75	80245991	3106
标准井2017-008	采油一厂	×××	开发井	定向井	三开井	射孔	9	33388	410	163	127970141	3833
标准井2017-009	采油一厂	×××	开发井	定向井	三开井	射孔	7	31012	469	230	159704611	5150
标准井2017-010	采油一厂	×××	开发井	开窗侧钻	二开井	射孔	11	6566	135		34428436	5243
标准井2017-011	采油一厂	×××	开发井	开窗侧钻	二开井	射孔	6	3927	196		25723812	6550
标准井2017-012	采油二厂	×××	开发井	定向井	二开井	射孔	16	25622	165	134	62326983	2433
标准井2017-013	采油二厂	×××	开发井	水平井	二开井	筛管	11	20225	160	149	69784655	3450
标准井2017-014	采油二厂	×××	开发井	定向井	二开井	射孔	7	16151	132	49	35713712	2211
标准井2017-015	采油二厂	×××	开发井	定向井	二开井	射孔	53	100302	597	424	206606954	2060
标准井2017-016	采油二厂	×××	开发井	定向井	二开井	射孔	3	8221	71	26	15949923	1940
标准井2017-017	采油二厂	×××	开发井	水平井	二开井	射孔	5	10341	78	70	35162405	3400
标准井2017-018	采油二厂	×××	开发井	开窗侧钻	二开井	射孔	17	11883	281	83	41218094	3469
标准井2017-019	采油二厂	×××	开发井	开窗侧钻	二开井	射孔	3	2243	134	7	11193349	4990
标准井2017-020	采油三厂	×××	开发井	定向井	二开井	射孔	10	33778	379	211	88589878	2623
标准井2017-021	采油三厂	×××	开发井	定向井	二开井	射孔	3	6929	61	25	14006143	2021
标准井2017-022	采油三厂	×××	开发井	定向井	二开井	射孔	29	90280	757	453	196192658	2173
标准井2017-023	采油三厂	×××	开发井	定向井	二开井	射孔	3	6369	48	57	11596965	1821
标准井2017-024	采油三厂	×××	开发井	定向井	二开井	射孔	29	68328	458	264	138509466	2027
标准井2017-025	采油三厂	×××	开发井	定向井	二开井	射孔	68	139289	1167	504	308342196	2214
标准井2017-026	采油三厂	×××	开发井	定向井	二开井	射孔	20	49879	507	222	116335106	2332

续表

标准井号	建设单位	区块	井别	井型	井身结构	完井方式	总井数（口）	总进尺（m）	总钻井周期（d）	总试油周期（d）	总成本（元）	单位成本（元/m）
标准井 2017-027	采油三厂	×××	开发井	定向井	二开井	射孔	32	97112	867	345	223321645	2300
标准井 2017-028	采油三厂	×××	开发井	定向井	二开井	射孔	15	49397	525	189	125258279	2536
标准井 2017-029	采油三厂	×××	开发井	定向井	二开井	射孔	28	53888	467	263	128403589	2383
标准井 2017-030	采油三厂	×××	开发井	定向井	二开井	射孔	6	15692	122	50	31771364	2025
标准井 2017-031	采油三厂	×××	开发井	定向井	二开井	射孔	10	20055	137	103	44702155	2229
标准井 2017-032	采油三厂	×××	开发井	定向井	三开井	射孔	14	39603	521	194	117935192	2978
标准井 2017-033	采油三厂	×××	开发井	开窗侧钻	二开井	射孔	6	3616	194	7	20585561	5693
标准井 2017-034	采油四厂	×××	开发井	定向井	二开井	射孔	24	65913	495	185	148274702	2250
标准井 2017-035	采油四厂	×××	开发井	开窗侧钻	三开井	射孔	35	125070	1393	398	372949730	2982
标准井 2017-036	采油四厂	×××	开发井	直井	二开井	射孔	3	1612	40	29	5761221	3574
标准井 2017-037	采油五厂	×××	开发井	定向井	二开井	射孔	13	17352	164	98	41605046	2398
标准井 2017-038	采油五厂	×××	开发井	定向井	三开井	射孔	103	141616	1338	852	380116767	2685
标准井 2017-039	采油五厂	×××	开发井	定向井	二开井	射孔	11	15914	236	66	57830233	3634
标准井 2017-040	采油五厂	×××	开发井	定向井	二开井	射孔	3	10623	143	61	35703985	3361
标准井 2017-041	采油五厂	×××	开发井	定向井	二开井	射孔	9	29194	239	230	79525727	2724
标准井 2017-042	采油六厂	×××	开发井	直井	二开井	射孔	4	5789	34	28	11333078	1958
标准井 2017-043	采油六厂	×××	开发井	水平井	二开井	筛管	9	15067	115	185	52661783	3495
标准井 2017-044	采油六厂	×××	开发井	定向井	二开井	射孔	5	8681	83	76	16653876	1918
标准井 2017-045	采油六厂	×××	开发井	定向井	二开井	射孔	29	44213	257	222	51092463	1156
标准井 2017-046	采油六厂	×××	开发井	水平井	二开井	射孔	10	17497	117	87	49958847	2855

续表

标准井号	建设单位	区块	井别	井型	井身结构	完井方式	总井数(口)	总进尺(m)	总钻井周期(d)	总试油周期(d)	总成本(元)	单位成本(元/m)
标准井 2017-047	××公司	×××	开发井	定向井	二开井	射孔	19	61133	603	163	195567393	3199
标准井 2017-048	××公司	×××	开发井	定向井	三开井	射孔	6	23433	241	78	100048367	4270
标准井 2017-049	××公司	×××	开发井	定向井	二开井	射孔	5	10376	62	138	28111115	2710
标准井 2017-050	××公司	×××	开发井	定向井	二开井	射孔	3	9636	51	46	43122477	4475
标准井 2017-051	××事业部	×××	评价井	定向井	二开井	射孔	16	26369	193	516	81658995	3097
标准井 2017-052	××事业部	×××	评价井	定向井	二开井	射孔	7	16514	163	189	47723968	2890
标准井 2017-053	××事业部	×××	评价井	定向井	二开井	射孔	15	47142	490	489	134027970	2843
标准井 2017-054	××事业部	×××	评价井	定向井	三开井	射孔	23	87649	1232	1744	387344991	4419
标准井 2017-055	××事业部	×××	评价井	定向井	二开井	地质报废	11	23649	223		47892343	2025
标准井 2017-056	××事业部	×××	评价井	定向井	二开井	地质报废	9	26892	262		63848361	2374
标准井 2017-057	××事业部	×××	预探井	直井	二开井	射孔	5	8865	70	283	31481935	3551
标准井 2017-058	××事业部	×××	预探井	定向井	二开井	射孔	6	9355	102	74	26610131	2844
标准井 2017-059	××事业部	×××	预探井	定向井	二开井	射孔	6	14768	161	335	51370626	3479
标准井 2017-060	××事业部	×××	预探井	定向井	二开井	射孔	8	24492	225	231	71596548	2923
标准井 2017-061	××事业部	×××	预探井	直井	三开井	射孔	20	79821	1200	1785	421135611	5276
标准井 2017-062	××事业部	×××	预探井	定向井	三开井	射孔	4	10071	164	460	56274400	5588
标准井 2017-063	××事业部	×××	预探井	定向井	三开井	射孔	19	66802	968	1341	289464770	4333
标准井 2017-064	××事业部	×××	预探井	定向井	三开井	射孔	28	118636	1600	2274	599303541	5052
合计							1080	2591195	25682	18666	7549189995	2913
其他井							46	139188	2124	1642	574392179	4127
总计							1126	2730383	27806	20308	8123582174	2975

表6-16 2014—2016年钻井队年有效工作时间统计分析

序号	队伍名称	2014年(d)	2015年(d)	2016年(d)	3年合计(d)	3年平均(d)
1	ZJ30钻机合计	646.47	464.90	220.62	1331.99	222.00
1.1	30×××	215.00	274.70	220.62	710.32	236.77
1.2	30×××	256.27	190.20		446.47	223.24
1.3	30×××	175.20			175.20	175.20
2	ZJ40钻机合计	3488.80	2810.81	2665.39	8964.99	203.75
2.1	40×××	126.50	153.90	241.11	521.51	173.84
2.2	40×××	290.15	148.19	178.82	617.16	205.72
2.3	40×××	267.25	214.02	182.52	663.79	221.26
2.4	40×××	60.54			60.54	60.54
2.5	40×××	200.60	260.50	115.20	576.30	192.10
2.6	40×××	161.90			161.90	161.90
2.7	40×××	242.75	178.19	137.70	558.64	186.21
2.8	40×××	281.92	228.67	194.25	704.83	234.94
2.9	40×××	150.90	342.70	142.63	636.23	212.08
2.10	40×××	272.10	199.00	219.29	690.39	230.13
2.11	40×××	210.30	100.80	176.03	487.13	162.38
2.12	40×××	215.40	171.50	138.74	525.64	175.21
2.13	40×××	236.20	261.64	272.32	770.16	256.72
2.14	40×××	325.21	103.50	159.65	588.35	196.12
2.15	40×××	328.56	177.42	258.27	764.25	254.75
2.16	40×××	118.52	270.79	248.85	638.17	212.72
3	ZJ50钻机合计	4895.15	4176.05	2780.63	11851.83	200.88
3.1	50×××	114.21	293.27	224.29	631.77	210.59
3.2	50×××	192.30	66.90		259.20	129.60
3.3	50×××	113.10	200.98	215.69	529.77	176.59
3.4	50×××	245.25	268.92	135.48	649.65	216.55
3.5	50×××	260.40	223.50	255.08	738.98	246.33

续表

序号	队伍名称	2014年(d)	2015年(d)	2016年(d)	3年合计(d)	3年平均(d)
3.6	50×××	119.40	225.60	100.45	445.45	148.48
3.7	50×××	258.58	269.17	162.15	689.90	229.97
3.8	50×××	234.50	273.80	258.35	766.65	255.55
3.9	50×××	286.12	184.60	146.76	617.49	205.83
3.10	50×××	64.50	21.00	224.73	310.23	103.41
3.11	50×××	285.25	280.73	161.15	727.13	242.38
3.12	50×××	273.98	199.56		473.54	236.77
3.13	50×××	313.63	221.13	258.90	793.65	264.55
3.14	50×××	353.73	234.50	189.77	778.00	259.33
3.15	50×××	266.10	46.60		312.70	156.35
3.16	50×××	253.50	100.20		353.70	176.85
3.17	50×××	226.80	100.80		327.60	163.80
3.18	50×××	271.96	246.25	0.00	518.21	172.74
3.19	50×××	250.94	332.10	284.71	867.75	289.25
3.20	50×××	190.20	174.90	115.13	480.23	160.08
3.21	50×××		51.04		51.04	51.04
3.22	50×××	320.70	160.50	48.00	529.20	176.40
4	ZJ70钻机合计	1359.24	2030.61	1271.77	4661.61	194.23
4.1	70×××	60.60	15.90		76.50	38.25
4.2	70×××	112.80	292.53	207.64	612.97	204.32
4.3	70×××	136.50	247.50		384.00	192.00
4.4	70×××	158.19	297.90	157.44	613.52	204.51
4.5	70×××		143.70	103.40	247.10	123.55
4.6	70×××	180.47	405.50	257.74	843.71	281.24
4.7	70×××	149.21	105.69	174.38	429.27	143.09
4.8	70×××	270.60	134.10	105.92	510.62	170.21
4.9	70×××	290.87	387.79	265.25	943.92	314.64

表6-17 2014—2016年试油队年有效工作时间统计分析

序号	队伍名称	2014年(d)	2015年(d)	2016年(d)	3年合计(d)	3年平均(d)	修井机数量(台)	年平均单机(d)
1	S06×××	708.00	269.00	145.00	1122.00	374.00	3	124.67
2	S06×××	744.00	705.00	618.00	2067.00	689.00	3	229.67
	平均	726.00	487.00	381.50	1594.50	531.50		
1	S08×××	724.00	962.00	704.00	2390.00	796.67	4	199.17
2	S08×××	969.00	296.00	452.00	1717.00	572.33	4	143.08
3	S08×××	751.00	381.00	583.00	1715.00	571.67	3	190.56
	平均	814.67	546.33	579.67	1940.67	646.89		
1	S10×××	1052.00	971.00	623.00	2646.00	882.00	4	220.50
	平均	1052.00	971.00	623.00	2646.00	882.00		
1	S12×××	68.00	717.00	211.00	996.00	332.00	3	110.67
2	S12×××	911.00	515.00	469.00	1895.00	631.67	3	210.56
3	S12×××	1215.00	412.00	809.00	2436.00	812.00	2	406.00
4	S12×××		167.00	95.00	262.00	131.00	1	131.00
	平均	731.33	452.75	396.00	1397.25	476.67		
1	S15×××	580.00	1156.29	812.00	2548.29	849.43	4	212.36
2	S15×××		33.00	409.00	442.00	221.00	3	73.67
	平均	580.00	594.65	610.50	1495.15	535.22		
	合计				20236.29	6745.43	37	182.31

表 6-18　2014—2016 年平均日费测算

钻机级别		ZJ30 钻机		ZJ40 钻机		ZJ50 钻机		ZJ70 钻机	
总钻井周期（d）		1332		8965		11852		4662	
项目		合计（元）	平均（元/日）	合计（元）	平均（元/日）	合计（元）	平均（元/日）	合计（元）	平均（元/日）
日费		53099852	39865	436571795	48697	527247724	44487	313770607	67309
其中	直接人工费	25260014	18964	228384164	25475	272687872	23008	116750173	25045
	机械使用费	12683167	9522	100165990	11173	141700898	11956	140629967	30168
	制造费用	15156671	11379	108021642	12049	112858954	9522	56390467	12097

表 6-19　实际与优化后年工作时间和日费对比情况

序号	设备类型	实际		优化后		变化值		变化率	
		年工作时间（d）	日费（元/d）	年工作时间（d）	日费（元/d）	年工作时间（d）	日费（元/d）	年工作时间	日费
1	ZJ30 钻机	222	39865	275	32182	53	−7683	24%	−19%
2	ZJ40 钻机	204	48697	290	34256	86	−14441	42%	−30%
3	ZJ50 钻机	201	44487	295	30311	94	−14175	47%	−32%
4	ZJ70 钻机	194	67309	300	43527	106	−23783	55%	−35%
5	修井机	183	48433	260	34089	77	−14344	42%	−30%
6	平均	201	49758	284	35181	83	−14577	41%	−29%

6.5.6　钻井成本节约情况分析

采用优化后钻井日费和试油日费，减去实际情况下的钻井日费和试油日费，得到节约日费数值。采用标准井总钻井周期乘以钻井日费节约数值和总试油周期乘以试油日费节约数值，再合计得到节约钻井总成本，见表 6-20。

2014—2016 年 1126 口井实际钻井总成本 81.24 亿元，平均单井成本 721 万元。通过提高钻井生产组织效率，提升钻井队伍年有效工作时间，显著降低钻井日费，预期能够节约钻井总成本 6.88 亿元，其中钻井 4.20 亿元、试油 2.68 亿元，钻井成本总体水平下降 8.47%。平均每年可节约 2.29 亿元，其中钻井 1.40 亿元、试油 0.89 亿元。平均单井成本节约 61.10 万元，其中钻井 37.32 万元、试油 23.78 万元。

表 6-20 2014—2016 年钻井总成本节约情况测算

标准井号	总井数（口）	总进尺（m）	总钻井周期（d）	总试油周期（d）	钻机级别	钻井日费节约（元/d）	节约钻井日费成本（元）	修井机级别	试油日费节约（元/d）	节约试油日费成本（元）	节约总成本（元）
标准井 2017-001	5	11184	86	56	ZJ30	−7683	−660617	综合	−14344	−803243	−1463860
标准井 2017-002	68	182246	1336	531	ZJ40	−14441	−19293753	综合	−14344	−7616462	−26910215
标准井 2017-003	66	128845	771	468	ZJ30	−7683	−5926071	综合	−14344	−6712814	−12638885
标准井 2017-004	33	86695	642	282	ZJ40	−14441	−9271361	综合	−14344	−4044901	−13316261
标准井 2017-005	4	17641	264	146	ZJ50	−14175	−3736410	综合	−14344	−2094168	−5830578
标准井 2017-006	7	30507	545	223	ZJ50	−14175	−7719330	综合	−14344	−3198627	−10917957
标准井 2017-007	8	25837	343	75	ZJ40	−14441	−4951800	综合	−14344	−1075771	−6027572
标准井 2017-008	9	33388	410	163	ZJ40	−14441	−5923038	综合	−14344	−2338010	−8261048
标准井 2017-009	7	31012	469	230	ZJ50	−14175	−6643299	综合	−14344	−3299032	−9942332
标准井 2017-010	11	6566	135		修井	−33390	−4517628	综合		−4517628	−4517628
标准井 2017-011	6	3927	196		修井	−33390	−6551061	综合		−6551061	−6551061
标准井 2017-012	16	25622	165	134	ZJ40	−14441	−2379805	综合	−14344	−1922045	−4301850
标准井 2017-013	11	20225	160	149	ZJ40	−14441	−2303989	综合	−14344	−2137199	−4441188
标准井 2017-014	7	16151	132	49	ZJ40	−14441	−1905433	综合	−14344	−702837	−2608270
标准井 2017-015	53	100302	597	424	ZJ40	−14441	−8622838	综合	−14344	−6081695	−14704533
标准井 2017-016	3	8221	71	26	ZJ40	−14441	−1021722	综合	−14344	−372934	−1394656
标准井 2017-017	5	10341	78	70	ZJ40	−14441	−1125579	综合	−14344	−1004053	−2129632
标准井 2017-018	17	11883	281	83	ZJ20	−33390	−9385847	综合	−14344	−1190520	−10576368

续表

标准井号	总井数（口）	总进尺（m）	总钻井周期（d）	总试油周期（d）	钻机级别	钻井日费节约（元/d）	节约钻井日费成本（元）	修井机级别	试油日费节约（元/d）	节约试油日费成本（元）	节约总成本（元）
标准井2017-019	3	2243	134	7	ZJ20	−33390	−4467543	综合	−14344	−100405	−4567948
标准井2017-020	10	33778	379	211	ZJ50	−14175	−5379327	综合	−14344	−3026504	−8405830
标准井2017-021	3	6929	61	25	ZJ40	−14441	−877008	综合	−14344	−358590	−1235598
标准井2017-022	29	90280	757	453	ZJ40	−14441	−10938981	综合	−14344	−6497660	−17436641
标准井2017-023	3	6369	48	57	ZJ30	−7683	−365459	综合	−14344	−817586	−1183045
标准井2017-024	29	68328	458	264	ZJ40	−14441	−6608458	综合	−14344	−3786715	−10395173
标准井2017-025	68	139289	1167	504	ZJ30	−7683	−8967334	综合	−14344	−7229184	−16196518
标准井2017-026	20	49879	507	222	ZJ40	−14441	−7324104	综合	−14344	−3184283	−10508388
标准井2017-027	32	97112	867	345	ZJ40	−14441	−12525574	综合	−14344	−4948549	−17474123
标准井2017-028	15	49397	525	189	ZJ40	−14441	−7575062	综合	−14344	−2710944	−10286006
标准井2017-029	28	53888	467	263	ZJ40	−14441	−6742617	综合	−14344	−3772372	−10514989
标准井2017-030	6	15692	122	50	ZJ40	−14441	−1758950	综合	−14344	−717181	−2476131
标准井2017-031	10	20055	137	103	ZJ30	−7683	−1055303	综合	−14344	−1477393	−2532696
标准井2017-032	14	39603	521	194	ZJ40	−14441	−7517357	综合	−14344	−2782662	−10300019
标准井2017-033	6	3616	194	7	ZJ20	−33390	−6460909	综合	−14344	−100405	−6561314
标准井2017-034	24	65913	495	185	ZJ40	−14441	−7145614	综合	−14344	−2653570	−9799183
标准井2017-035	35	125070	1393	398	ZJ50	−14175	−19739417	综合	−14344	−5708760	−25448177
标准井2017-036	3	1612	40	29	ZJ20	−33390	−1342266	综合	−14344	−415965	−1758231

续表

标准井号	总井数(口)	总进尺(m)	总钻井周期(d)	总试油周期(d)	钻机级别	钻井日费节约(元/d)	节约钻井日费成本(元)	修井机级别	试油日费节约(元/d)	节约试油日费成本(元)	节约总成本(元)
标准井2017-037	13	17352	164	98	ZJ30	-7683	-1258937	综合	-14344	-1405675	-2664612
标准井2017-038	103	141616	1338	852	ZJ40	-14441	-19315932	综合	-14344	-12220764	-31536696
标准井2017-039	11	15914	236	66	ZJ40	-14441	-3401527	综合	-14344	-946679	-4348206
标准井2017-040	3	10623	143	61	ZJ50	-14175	-2027495	综合	-14344	-874961	-2902456
标准井2017-041	9	29194	239	230	ZJ40	-14441	-3452192	综合	-14344	-3299032	-6751224
标准井2017-042	4	5789	34	28	ZJ30	-7683	-258184	综合	-14344	-401621	-659805
标准井2017-043	9	15067	115	185	ZJ40	-14441	-1660779	综合	-14344	-2653570	-4314349
标准井2017-044	5	8681	83	76	ZJ40	-14441	-1198628	综合	-14344	-1090115	-2288743
标准井2017-045	29	44213	257	222	ZJ40	-14441	-3708826	综合	-14344	-3184283	-6893109
标准井2017-046	10	17497	117	87	ZJ40	-14441	-1693615	综合	-14344	-1247895	-2941510
标准井2017-047	19	61133	603	163	ZJ50	-14175	-8542793	综合	-14344	-2338010	-10880803
标准井2017-048	6	23433	241	78	ZJ50	-14175	-3417156	综合	-14344	-1118802	-4535959
标准井2017-049	5	10376	62	138	ZJ30	-7683	-475890	综合	-14344	-1979419	-2455310
标准井2017-050	3	9636	51	46	ZJ40	-14441	-732174	综合	-14344	-659806	-1391980
标准井2017-051	16	26369	193	516	ZJ40	-14441	-2782609	综合	-14344	-7401308	-10183917
标准井2017-052	7	16514	163	189	ZJ40	-14441	-2354906	综合	-14344	-2710944	-5065850
标准井2017-053	15	47142	490	489	ZJ50	-14175	-6941762	综合	-14344	-7014030	-13955792
标准井2017-054	23	87649	1232	1744	ZJ70	-23783	-29289863	综合	-14344	-25019455	-54309319

续表

标准井号	总井数(口)	总进尺(m)	总钻井周期(d)	总试油周期(d)	钻机级别	钻井日费节约(元/d)	节约钻井日费成本(元)	修井机级别	试油日费节约(元/d)	节约试油日费成本(元)	节约总成本(元)
标准井2017-055	11	23649	223		ZJ40	-14441	-3217725	综合	-14344		-3217725
标准井2017-056	9	26892	262		ZJ50	-14175	-3710186	综合	-14344		-3710186
标准井2017-057	5	8865	70	283	ZJ40	-14441	-1013129	综合	-14344	-4059244	-5072373
标准井2017-058	6	9355	102	74	ZJ40	-14441	-1466815	综合	-14344	-1061428	-2528242
标准井2017-059	6	14768	161	335	ZJ50	-14175	-2281424	综合	-14344	-4805112	-7086536
标准井2017-060	8	24492	225	231	ZJ70	-23783	-5356531	综合	-14344	-3313376	-8669907
标准井2017-061	20	79821	1200	1785	ZJ70	-23783	-28536131	综合	-14344	-25603360	-54139491
标准井2017-062	4	10071	164	460	ZJ40	-14441	-2362981	综合	-14344	-6598065	-8961046
标准井2017-063	19	66802	968	1341	ZJ70	-23783	-23009970	综合	-14344	-19234793	-42244764
标准井2017-064	28	118636	1600	2274	ZJ70	-23783	-38050352		-14344	-32617390	-70667742
合计	1080	2591195	25682	18666			-420249375			-267742180	-687991555
其他井	46	139188	2124	1642							-687991555
总计	1126	2730383	27806	20308			-420249375			-267742180	-687991555
3年平均							-140083125			-89247393	-229330518
平均单井							-373223			-237782	-611005

参 考 文 献

[1] 黄伟和．钻井工程工艺（第二版）[M]．北京：石油工业出版社，2020．

[2] 黄伟和．钻井工程全过程造价管理[M]．北京：石油工业出版社，2020．

[3] 黄伟和，刘海．钻井工程全过程工程量清单计价方法[M]．北京：石油工业出版社，2020．

[4] 黄伟和，刘海．钻井工程全过程工程量清单计价标准[M]．北京：石油工业出版社，2020．

[5] 黄伟和，刘海．页岩气一体化开发钻井投资优化分析方法研究[J]．中国石油勘探，2020，25（2）：51-61．

[6] 黄伟和．页岩气开发钻井降本增效案例[M]．北京：石油工业出版社，2019．

[7] 黄伟和，刘海．中国页岩气开发管理模式探讨[J]．科技导报，2019，37（19）：66-73．

[8] 黄伟和，刘 海，张国辉．蜀南页岩气开发钻井面临的主要问题与整体解决方案研究[C] // 中国石油学会石油经济专业委员会，中国石油集团经济技术研究院．第五届全国石油经济学术年会获奖论文集．北京：石油工业出版社，2019，143-149．

[9] 黄伟和，刘海．基于整体效益最优的钻井市场管理体制机制研究——以中国石油天然气集团有限公司为例[J]．国际石油经济，2018，26（5）：85-93．

[10] 黄伟和，刘海，张关平．钻井工程建设全过程工程量清单计价规则研究[J]．工程造价管理，2018（5）：25-31．

[11] 黄伟和．钻井工程造价管理概论[M]．北京：石油工业出版社，2016．

[12] 黄伟和，刘海．基于中国石油整体效益最大化的钻井工程造价管理研究[C] // 中国石油学会石油经济专业委员会编．第三届全国石油经济学术年会获奖论文集．北京：石油工业出版社，2016，267-273．

[13] 黄伟和，司光，刘海．决策和设计阶段精细管控钻井投资研究[J]．国际石油经济，2016，24（1）：83-89．

[14] 黄伟和，刘海．基于交易费用理论探讨非常规天然气开发管理模式[J]．国际石油经济，2015，23（8）：92-97．

[15] 黄伟和．石油钻井关联交易长效管理机制研究[M]．北京：石油工业出版社，2014．

[16] 黄伟和．石油钻井工程市场定价机制研究[M]．北京：石油工业出版社，2013．

[17] 黄伟和．石油天然气钻井工程工程量清单计价方法[M]．北京：石油工业出版社，2012．

[18] 黄伟和，刘文涛，司光，魏伶华．石油天然气钻井工程造价理论与方法[M]．北京：石油工业出版社，2010．